ブックレット 近代文化研究叢書 5

「猫の家」　その前と後
『吾輩は猫である』を住生活史からみると

平　井　　聖

目　次

Ⅰ　はじめに　　　　　　　　　　　　　　　　　　　05
　01　はじめに　　　　　　　　　　　　　　　　　07
　02　「猫の家」について　　　　　　　　　　　　13

Ⅱ　「猫の家」の封建性　　　　　　　　　　　　　　25
　01　「猫の家」の封建的なところ　　　　　　　　27
　02　中級藩士住宅の座敷　　　　　　　　　　　　30
　03　「猫の家」の座敷の造りと使われ方　　　　　40
　04　「猫の家」の封建的性格　　　　　　　　　　45

Ⅲ　「猫の家」の近代性　　　　　　　　　　　　　　47
　01　「猫の家」の近代的なところ　　　　　　　　49
　02　都市住宅の座敷は南向きを志向している　　　52
　03　膳から食卓へ　　　　　　　　　　　　　　　56
　04　茶の間-家族が集まる部屋　そして茶の間も南向きを志向する　65
　05　夫婦の寝室・子供の寝室　　　　　　　　　　74
　06　「猫の家」の近代的性格　　　　　　　　　　78

Ⅳ　おわりに　　　　　　　　　　　　　　　　　　　81
　　　そして、漱石は『吾輩は猫である』で
　　　何が言いたかったのだろう

Ⅴ　註　　　　　　　　　　　　　　　　　　　　　　87

引用に際し、漢字は適宜通行の字体に改め、ルビは概ね省略し、段落は追い込みました。なお、本文と図版中の『吾輩は猫である』『道草』からの引用は、いずれも岩波文庫本（最新版）に拠っています。

I　はじめに

Ⅰ－01　はじめに

1．『吾輩は猫である』と住生活史の立場

　漱石の『吾輩は猫である』のモデルが、漱石自身であることはよく知られています。漱石はそのとき住んでいた家を、舞台に使いました。そのため、『吾輩は猫である』の中の生活の描写と住宅の平面が、大変よく対応しています。その上、舞台となったその家が、明治村註1に移築されて、我々の目の前にあります。

明治村に移築されている鷗外・漱石が住んだ家

　ただ、『吾輩は猫である』は小説ですから、現実の生活をそのままに描いているとは限りません。自分がモデルである上に、「ホトトギス」という同人誌に載せたので、最初に読む人々が「ホトトギス」の同人たちであり、その読者ということになるのですから、現実の生活のままではなく、修飾され、理想化されたことは当然のこといわなければなりません。初回の場合は、先ず漱石に文章を書くことをすすめた高浜虚子との間で虚子が朗読し、漱石に乞われた虚子の意見にもとづいて、文章がととのえられました。その後すぐに、虚子によって同人たちの集まり「山会」に披露されたということです。註2　ともあれ、これほどまでに住生活をリアルに描いている小説は、ほかにはありません。

　この『吾輩は猫である』の主人公である苦沙弥先生は、家族構成や健康状態など漱石について伝えられているところとよく符合しています。漱石の生活か

らそれほどかけ離れているとは考えられません。また、これが同人のあいだで評判になったのは、登場人物のモデルが読む人たちの身近な人たちであり、登場人物の設定や会話に、比喩的な狙いがあったとしても、描かれている生活は現実や当時の人々の考える理想と遊離することはなかったからだと思います。

『吾輩は猫である』の中に登場した人物のモデルであった漱石夫人は、『漱石の思ひ出』の中で、「その時代の私共一家の生活の実際が随分沢山織り込まれて居ります。中には全く空想で、小説的に都合のいいやうに書いたところも多いやうですが、事件や人物は大概見当がつくのが多いやうです。」註3といっています。

漱石は、この時代の生活を、大正4年（1915）になって『道草』の題材として再び取り上げています。『道草』を構想していたときに書かれた『硝子戸の中』で、「私は今まで他の事と私の事をごちゃごちゃに書いた。他の事を書くときには、なるべく相手の迷惑にならないようにとの掛念があった。私の身の上を語る時分には、かえって比較的自由な空気の中に呼吸する事が出来た。それでも私はまだ私に対して全く色気を取り除き得る程度に達していなかった。嘘を吐いて世間を欺くほどの衒気がないにしても、もっと卑しい所、もっと悪い所、もっと面目を失するような自分の欠点を、つい発表しずにしまった。」といっています。註4 『道草』についても、「夏目鏡子未亡人の『漱石の思ひ出』が全篇において『道草』のお住像への反措定として書かれていることも歴然としている。」との内田道雄の解説があります。註5 いずれにしても、小説として現実から離れている部分があることは確かでしょう。

そのような面があったにせよ、『吾輩は猫である』は住生活史の一齣を担うのに十分な資格があると私は考えます。日本近代の小説の中には、意識して未来の生活を描こうとしているものもあります。そのような小説註6のいくつかを検討してみても、余りとっぴな構想はみられません。その時代に想像できる範囲を出ることができないのは、自明のことです。まして、修飾が同人の間でもっともと思われる程度なら、当時の一般的な生活様式からかけ離れていることはないはずです。

そこで、この珍野苦沙弥先生の家のつくりとその中での生活を取り上げ、そこにみられるそれ以前の封建時代の住宅から受け継がれている封建的要素をとりだし、一方ではそれ以後の和風住宅の中で展開していく近代化の問題を考え

てみたいと思ったのです。

　住宅や住生活を歴史的に捉えるとき、これまで洋風化、すなわち明治維新前後に始まる、ヨーロッパやアメリカの影響の下に、洋風を受け入れていく過程や、生活様式の変化に注目するのが一般的でした。しかし、そのような視点では、伝統的な江戸時代以来の都市住宅は、近代化と全く無縁だったかのようにみえます。そこが疑問であり、問題点なのです。江戸時代の武家屋敷にも、封建的な制約から抜け出して、次第に主人の居間である座敷が日当たりがよい位置を占めるという、より快適な生活を求めての変化が認められます。その流れを、近代化の始まりと捉えていいと思います。明治に建てられた、伝統的な建築様式を保っている都市住宅も、近代を内包しているはずであるという想いがあるのです。

　住宅や住生活の歴史には、偶然残った建物や記録しか、資料はありません。偶然残った資料は、当然のことながら典型的な資料といえないのが普通です。また、たまたま残った建物に、その建物での生活の記録が書き残されているということは、全くといっていいほど期待できません。住宅平面をそこでの生活と対応させて考察を進めようとすると、生活の記録はほとんどなく、明治以降においてすら、このような見方は不可能に近いといわざるを得ません。そのような中で、夏目漱石が書いた『吾輩は猫である』は、漱石自身の生活体験が基盤にあり、その舞台となった建物がもともと建てられていた場所ではありませんが、明治村に移築されて、残っている極めて珍しい資料ということができるでしょう。この『吾輩は猫である』の舞台になった家は、その両方が重なる貴重な資料なのです。

　しかし、このような資料を、歴史を編むために使うには、住宅史の流れの中での位置づけをしなくてはなりません。そこで、この『吾輩は猫である』を、どのように位置づけたらいいか考えてみることにしました。

　なお、この『吾輩は猫である』の中に使われている家をこれから後、このブックレットの中では「猫の家」と呼び、明治村に移築されている住宅を鷗外・漱石が住んだ家と呼んで、区別することにします。

2．住生活の近代化とは

　日本の住宅が近代化するということは、どのようなことなのでしょうか。建築の歴史とか、住宅の歴史の本、美術の歴史とかいろいろな本をみると、近代化するということは、洋風化すること、要するに、欧米の社会制度、生活様式、技法・材料などを取り入れて変わっていくことと捉えている場合がほとんどだと思います。住宅の近代化も、洋風住宅の様式を取り入れることと考えているのです。

　ですから、住宅の歴史では、明治の頃に西洋人の住まいとして、洋風住宅が長崎、神戸、横浜その他に入ってきて、それを日本人の大工が造るようになり、日本人の住宅にも影響が及び、生活の面では椅子・テーブルやベッドなどが入ってくる、普及していく、それが近代化だという捉え方をしているのが普通です。

　絵画の歴史としては、西洋から油絵が入ってきて、日本人も油絵を描くよう

泥絵
「御用屋敷・毛利家上屋敷」

になり、透視画法の影響を受けた技術が一般化します。その一方で、伝統的な材料を使っている日本画家にも西洋画の影響が入って、浮絵の技法が生まれます。現在の日本の美術界をみれば、日本画だから封建的、油絵だから近代的とはいえないでしょう。

　同様に、住宅も木造の昔ながらの形をしていても、使い方に近代化している部分もあるはずです。テーブル、ベッドを使わなくても、我々の生活は、近代化しているはずだという事です。明治になって西欧の文明が急激に流れ込んできて、それに倣えということになったために、洋服を着、椅子・テーブルを使うように、具体的に取り入れることが西欧化していくこと、近代化することだ

と思い込んでいるふしがあります。近代化ということの本来の姿は、西欧化することに限らないということです。

　入ってきたヨーロッパのもの、アメリカのもの、すなわち我々が近代化であると思っている手本が、果たして本当に近代的なものなのか、向こうで近代的なものといえるものなのだろうかということもあります。普通の建築で考えると、例えば、大浦天主堂でも重要文化財になった東京駅でもよいと思います。これらの建物は日本では日本の近代化の中で建てられた建築なので、近代建築として捉えられていますが、ヨーロッパだったら近代建築の枠の中に入るでしょうか。このような建築は、ヨーロッパでは近代建築とは言わないでしょう。その前の、新古典主義やネオバロック様式が流行った時期に相当するでしょう。鉄道の駅自身は近代化の流れの中の一事象なのですが、様式的には世界で近代と考えているような近代ではないのです。そういう点で言うと、洋風になるということは、近代化とイコールではないということになります。

大浦天主堂（長崎）

　そうすると、近代化というのは一体何なんだろうか。ヨーロッパで言われる近代化は、封建時代を抜け出して資本主義化することにはじまる社会的な変革であり、生活の上では、封建時代の様々な不合理な制約から抜け出して、だれもが人間的な生活をするようになることです。その両方を受けて、我々の日常生活、家庭生活が封建時代を抜け出して近代化するということが、どういうことかということを考えなければなりません。

　明治維新以降、家の中で、格式、身分秩序というものが、段々薄れていって、家族が平等になっていきます。基本的なところに立ち返って、別の捉え方をしなければいけないということです。従来のとおりの作り方を大工さんがしても、

屋根を黒い瓦で葺き、壁面には、江戸時代あるいはもっと前から変わらない板を壁に貼り、土の壁を塗って、畳を敷いた部屋を作っても、その家のつくりにも、その家の中の生活にも、近代的な意味があるものがあるのではないだろうか、そういう捉え方をし直さないと、日本の住宅、あるいは、住生活が近代化するということは、正しく捉えられないのではないかというような思いを抱くようになりました。そこで、日本的な伝統的なつくりの中で、日本の住宅がどう近代化していくのかというところを捉えてみたのです。ですから、もし、この本に日本住宅の近代化として、西洋建築がいつ日本に入ってきてどう定着していくかが書いてあると期待して下さっている方があったとすると、全く期待外れです。

　日本の場合には、日本人がずっと続いてこの日本列島で生活をしているのですから、明治維新前後に欧米の影響を受けたとしても、日本の住宅の歴史、住生活の歴史が、そこで断絶することなく一つの流れで書けないはずがないと思います。今まで、日本の建築の歴史、住宅の歴史を、明治のところで切ってしまったこと自体がおかしいのです。要するに、明治になると洋風のことしか歴史に書かなくなります。最近、近代和風という範疇ができて、和風の住宅が取り上げられるようになってきましたが、それもどこかに洋風の要素があるものが話題になっています。それでも江戸時代から明治への住宅の流れや住生活の変化が、連続的に捉えられたとはいえません。江戸時代以来の最も普通な都市住宅の流れ、伝統的な流れが明治に入ってどうなっていくのかを考えるのが、このブックレットの狙いなのです。

Ⅰ－02 「猫の家」について

漱石は座敷と玄関のあいだにある６畳を「中の間」と呼んでいます。この部屋は武家屋敷では座敷のつづき間として「次の間」あるいは「二の間」と呼ぶのが普通で、本書中では「次の間」と記しています。混乱をさけるために、「猫の家」の「中の間」を「次の間」としています。

また、「下女部屋」は敗戦前の啓蒙書等は「女中部屋」と表現することが多いので、「女中部屋」としました。

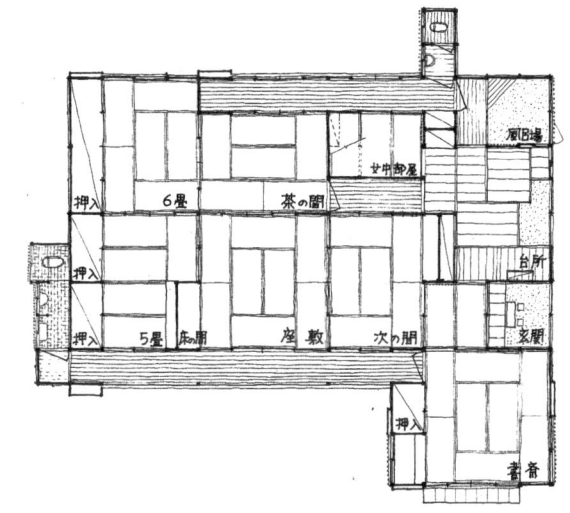

鷗外・漱石が住んだ家の間取り

明治村で鷗外・漱石が住んだ家を見ると、板敷きの部屋も洋風の部屋もありませんから、一昔前の家であることは確かです。明治の頃の普通の家です。

この住宅で特徴的なのは、玄関から座敷への部屋の配列です。この部屋列は、江戸時代の武家住宅を特徴づけていた部屋の配列で、玄関から入ってきた訪問者に、奥から出てきた主人が対面するための形式です。註7

漱石は、『吾輩は猫である』の中で、これらの部屋の封建的な使い方がまだ生きていた時代であったことを、主人と訪ねてきた老人との、床の間の前の座を譲り合う折の対話（P.347）で明らかにしています。住宅のつくりも、使われ方も、明治を迎えて急に大きく変化したわけではありません。

一方、苦沙弥先生の家族は、茶の間で食卓を囲んで座って食事をしています。現在の椅子・テーブルの光景からみると、伝統的と思う方も多いと思います。しかし、このような食事の仕方は、江戸時代にはなかった生活様式です。

この食卓を、漱石は『吾輩は猫である』では、「食卓」と書いています。振り仮名を振っていないので、漱石がこの食卓をどう呼んでいたかはわかりません。『道草』では、同じ茶の間の食卓に、「飼台」の文字を使い、振り仮名を振って「ちゃぶだい」とよませています。（『道草』P.152）

この「茶の間」と「ちゃぶだい」を、私は伝統的な都市住宅における近代化の象徴と考えています。

1. どこに、いつ、建てられた建物か

　東京の千駄木(現、文京区向丘2丁目20番7号)、昔の住所としては本郷区駒込千駄木町57番地に鷗外・漱石が住んだ家は建っていました。上野の北西にある根津権現の近く、日本医科大学と郁文館夢学園の間に位置する辺りにあった家です。

　この家は明治20年(1887)頃中島利吉が息子襄吉のために建て、23年から森鷗外が借りて住み、27年になって斎藤阿具の父が息子のために買ったのですが、阿具が仙台の第二高等学校の教師となったために貸家となっていたところへ、イギリスから帰国して家を探していた漱石が住むことになり、36年3月3日に引越したのでした。そして、39年12月27日まで住んでいました。

　そういう建物が、幸いにして、東京で震災も戦災も受けないで残っていました。おそらく、明治村に移すという話も、この『吾輩は猫である』という小説があったからこそで、そうでなかったら、漱石が住んだといっても、たぶん、この時代だったら壊されてしまったと思います。

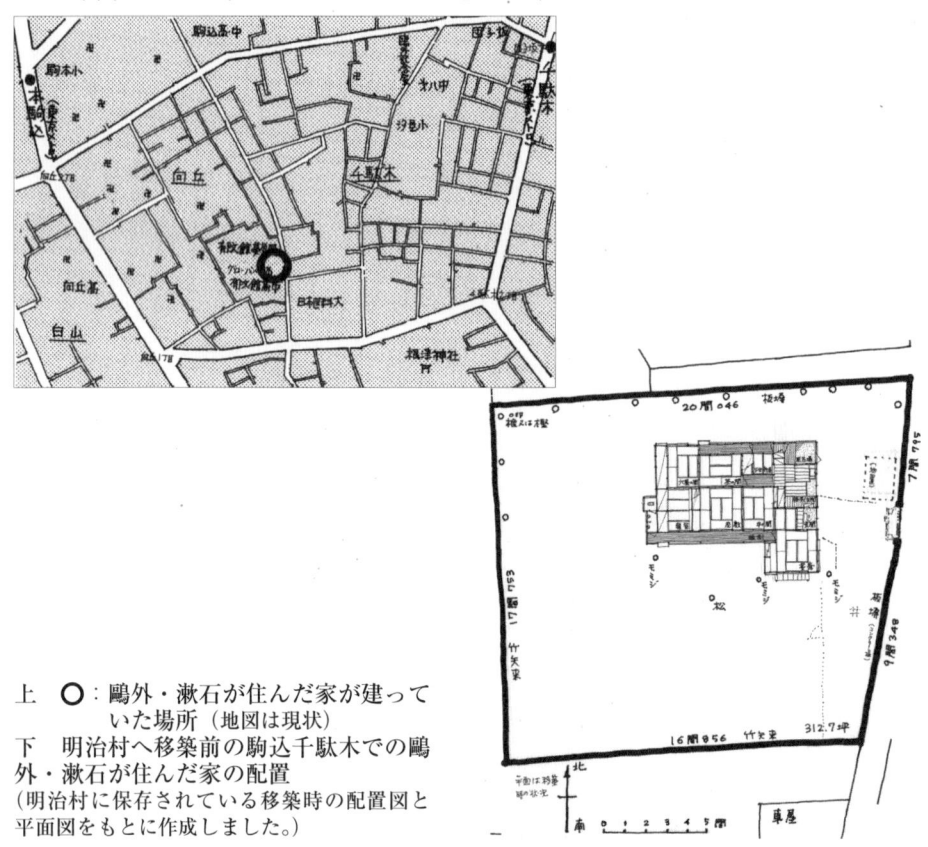

上　○：鷗外・漱石が住んだ家が建っていた場所(地図は現状)
下　明治村へ移築前の駒込千駄木での鷗外・漱石が住んだ家の配置
(明治村に保存されている移築時の配置図と平面図をもとに作成しました。)

2．間取り

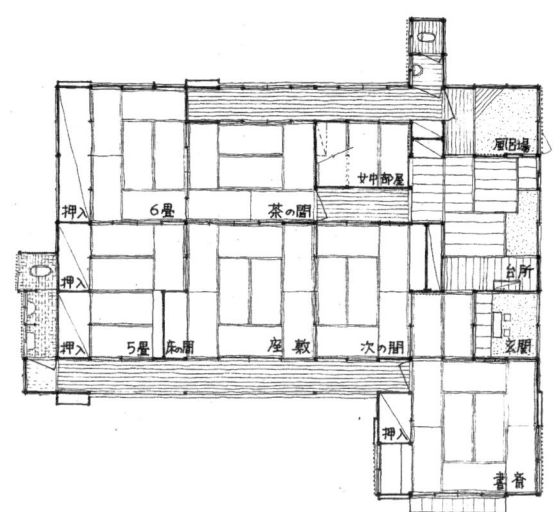

鷗外・漱石が住んだ家の間取り

　漱石は『吾輩は猫である』の中で、珍野苦沙弥先生が住んでいる「猫の家」を克明に描いています。ごく常識的に小説の文面からこの家を紹介すると、まず、東側が道路で、引き戸のついた門がありました。この門の戸には動かすとチリンチリンと鳴る鈴がついていました。門に相対するのは、玄関です。玄関の右手に、勝手口がありました。玄関は踏み込みの三和土、2畳の畳敷きです。玄関からまっすぐに入ると、次の間があり、その奥が座敷でした。座敷には床の間がついていました。座敷の北側に茶の間、座敷の奥が夫婦の寝室、その北が子供たちの部屋です。あとは玄関の南にある書斎と北にある台所。そのほかに、風呂場と便所がありました。

　小説の文面からは「猫の家」には畳数のわからない部屋があり、また押入れなどの有無はわかりません。しかし、漱石がモデルとした家は、当時住んでいた家で、明治村で公開されていますので、細部に至るまでよくわかります。

　この家の様子を改めて紹介することにしましょう。間取りを追ってみてください。平面図の右側の面の中央付近にあるガラスの入った引き違いの格子戸が玄関です。この格子戸の内は1坪ほどの方形の三和土です。その奥には、巾の狭い板敷きの式台があります。式台をあがると2畳敷きの玄関の間です。奥と左側は引き違いの襖、右側には台所への引き戸があります。奥の襖を入ると、座敷の次の間です。この次の間は飾り棚のある6畳の部屋で、その奥が8畳に間口1間の床の間がついた座敷です。

鷗外・漱石が住んだ家の座敷

　座敷と次の間二部屋の南側には、奥の寝室の前を通って便所に至る縁側があり、部屋と縁側の境は障子でした。そのほかの、座敷と次の間のあいだや座敷と茶の間のあいだなどの建具は、襖でした。座敷の奥の面にある間口１間の床の間は、奥行きが半間より狭いのですが、そのまま奥の６畳の寝室にとび出しているので、奥の寝室は実質５畳余の広さです。この部屋の西側いっぱいに、押入れがついています。寝室の北側の襖を開くと、６畳の部屋です。この部屋も西側に押入れがついています。この６畳の部屋の東側に茶の間があります。茶の間とのあいだの１間半は４枚の襖。その左側の半間は、壁です。茶の間は６畳で、座敷の北側にあたります。座敷とのあいだには襖がたち、北側は障子をはさんで北向きの縁側です。茶の間の東面には、台所への中廊下の半間より一寸広い戸口があります。中廊下の北には３畳の女中部屋がありました。女中部屋は、中廊下からは出入りできませんが、台所と北の縁につながっています。女中部屋と北側の縁側のあいだは障子で、北側の縁側から風呂場と裏の便所へ行くことができます。玄関の北側の台所は、７畳ほどの広さで、１畳分の土間があり、あとは板敷きです。竈は復元されていませんが、東の高い壁面に煙出しの窓があるので、その下にあったはずです。便所は、風呂場の手前北側と、奥の南側の寝室の西側にある押入れの裏手の２箇所です。

　普通の家ならここまでですが、この家には玄関の南に書斎がありました。広さは小説では６畳ですが、東側にあった押入れが再現されていないので現在は８畳です。玄関の２畳の畳敷きとのあいだに引き違いの襖がたっていて、玄関から書斎に入れたのですが、漱石が住んでいた時代には本棚でふさがっていました。そのため、漱石は縁側から書斎に入っていたようです。小説では、この

書斎に長さ6尺、巾3尺8寸の大きな机を置いています。実際にこのような大きな机を使っていた様子が、残っている写真からわかります。書斎の南側には、濡れ縁がついています。

書斎の漱石
「写真A」
「文章世界」
明治40年1月号
昭和女子大学図書
館蔵本より転載

3. 漱石が住んでいたときの書斎 註8

　鷗外・漱石が住んだ家は、東京の千駄木から明治村に移築されたときに、柱や梁などに残っていた痕跡を頼りに、建ったときの姿への復元が試みられています。しかし、明治村での管理や利用を考えて、全ての部分がもとの状態に戻されたわけではありません。

　一例を挙げれば、ガラスが入っている建具は、その後の変化と思われます。現在ガラス戸が使われている台所の入口は、『吾輩は猫である』に「台所の雨戸にトントンと二返ばかり軽く中った者がある。-略-今度はギーと雨戸を下から上へ持ち上げる音がする、同時に腰障子を出来るだけ緩やかに、溝に添うて滑らせる。P.174」とありますから、当時は腰障子で、夜に雨戸を閉めていたことがわかります。玄関の入口には「折から表格子をあららかに開けて、重い靴の音が二た足ほど沓脱ぎに響いたと思ったら P.363」とあるように格子戸がありましたが、この家の所有者であった斎藤家に伝わった平面図の一枚に、入口に雨戸があったことを示す戸袋があるので、この格子戸にはガラスは入っていなかったと考えられます。

　間取りで、漱石が住んでいた頃と違っているのは、書斎です。書斎も、基本的には移築に当たって痕跡をもとに復元されたのですが、東側にあった間口一

間の押入れは再現されませんでした。書斎の東側は屋根が低く、はじめは天井が傾斜した掛込天井であったことがわかったので、その姿に復元されたということです。同じ平面図では、この部分の床は、板敷きになっています。

　この書斎には二枚の写真が残っています。どちらも、書斎での漱石を写した写真です。一枚は、博文館刊の雑誌「文章世界」の明治40年1月号の口絵に掲載されたもので、書斎の机に向かう漱石を庭側から書斎に正対して撮影した写真です。この写真を、仮に「写真A」と名付けておきましょう。大正7年1月岩波書店刊の『漱石全集』第1巻の口絵に書斎での漱石の写真がありますが、その写真は「写真A」と同じ写真で、漱石の姿を中心にトリミングされています。トリミングされたこの口絵は、その後、松岡譲編著昭和4年刊の『漱石写真帖』に、明治39年3月博文館写真部撮影として収められています。『漱石全集』の口絵によると、この写真は、「明治三十九年三月撮影（於千駄木書斎）」とのことです。トリミングされる前の「写真A」は、「名士の書斎、夏目漱石氏」のキャプションにふさわしく、書斎西側の床の間の床柱から、東側の押入れまで、書斎の様子が写った写真です。

書斎の漱石
「写真B」
写真提供岩波書店

　もう一枚は、読売新聞社刊の雑誌「ホノホ」明治40年1月号に「夏目漱石氏の書斎」と題して口絵に掲載されたもので、机に向かう漱石を「写真A」より東側から、斜めに撮影した写真です。これと同じアングルの写真が岩波書店刊の『漱石全集』28巻（1999）口絵として収められていますが、その写真に写っている範囲は「ホノホ」所載の写真より広範囲です。これを「写真B」と名付

けることにします。両者を比べると、「ホノホ」の写真は、「写真B」をトリミングしたものです。「写真B」は、そのキャプションによると、明治39年秋頃撮影されたとのことです。この「写真B」には、飾り棚等がある書斎の西側の面が写っています。

「写真A」「写真B」と明治村移築時にみつかっている痕跡からの推定を含め、書斎の復元図面をつくりました。

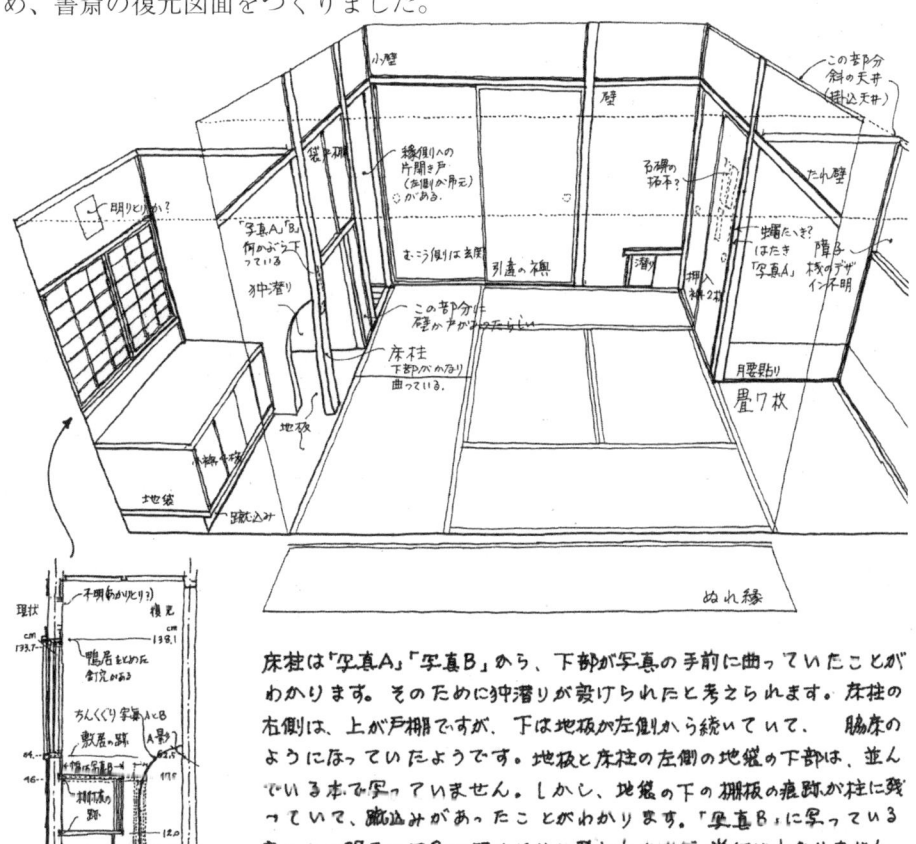

書斎復元俯瞰

4．『吾輩は猫である』に描かれた生活と鷗外・漱石が住んだ家

漱石は猫の目を借りてこの小説を書いたのですが、猫のように近所の家に自由に入り込むことができなかったので、自分の家の出来事をもとにしています。そのために、小説に描かれた生活が、明治村に移築されている家の中に見事に落とし込むことができるという特色を持っています。平安時代の日記文学も生活を描いていますが、実際の建物は残っていません。漱石の意図にはなかったことでしょうが、住生活の歴史の上でこんなによい資料はないのです。

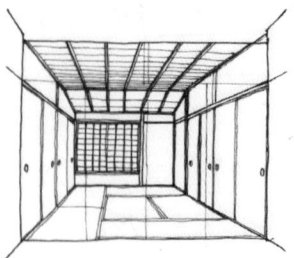

子供の部屋になっていた北側の6畳
北側の半間分の天井は傾斜のある掛込天井になっている

この手前(南側)は5畳分の夫婦の寝室

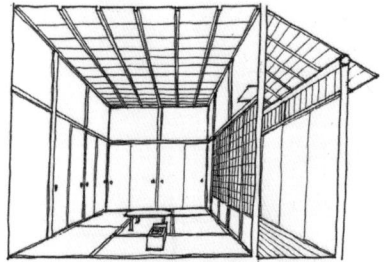

茶の間の西面 食卓と長火鉢があった

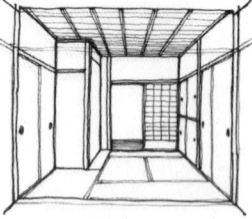

子供の部屋から見た夫婦の寝室

左手むこうに座敷の床の間がとび出ている
その部分は夫婦寝室の織部床になっている

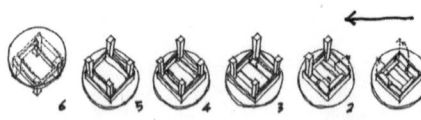

食卓、ちゃぶだいの脚を開く手順

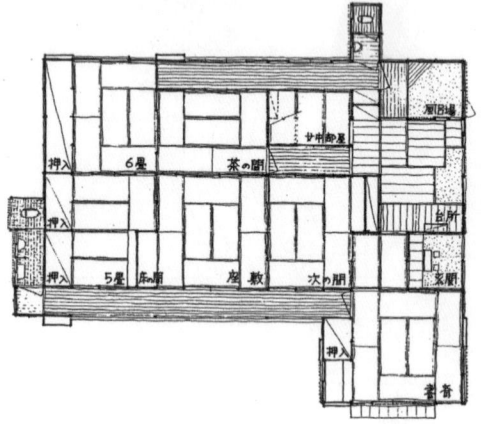

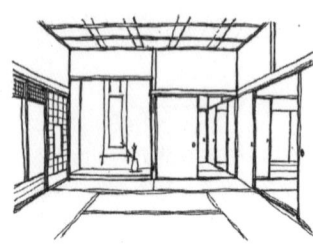

次の間から見た座敷
右手は茶の間

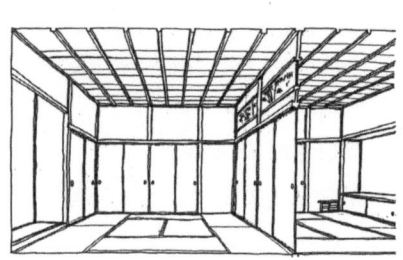

座敷と次の間

書斎の現状

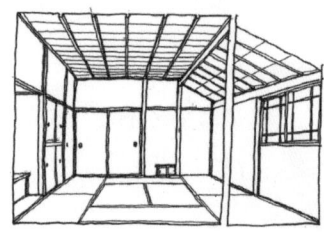

茶の間の東面 開き戸から中廊下をへて台所へ

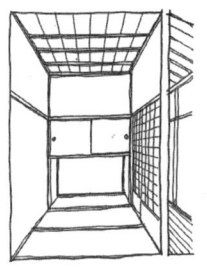
女中部屋 奥の1畳分は上部に押入れ

漱石が住みはじめた頃の台所（推定）へっついの後に猫用あげびのえさ入れ

漱石が水道をひいた頃の台所（推定・床などの状況から）

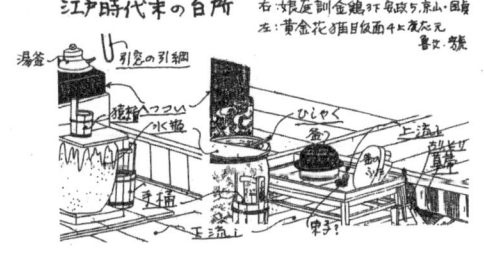
江戸時代末の台所

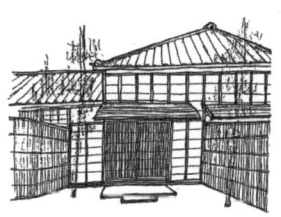
玄関の様子 後の写真により描く

漱石が使っていた頃の書斎

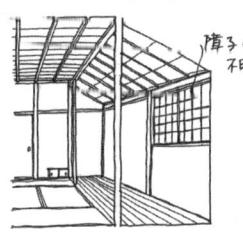
（残っていた計画図による）建った頃の書斎

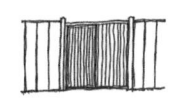
漱石が住んでいた頃の門（推定・片引の戸がついていた）

明治村　鷗外・漱石が住んだ家案内

せて、「雪江さん、憚りさまこれを出して来て下さい」 427~8

二人の小供が馬鹿に早くから眼を覚まして、まだ主人夫婦の寝ている間に対い合うて食卓に着いた。 31

細君は茶の間へ引き下がって針箱の前へ坐る。 187

茶の間から妻君が出て来てぴたりと主人の鼻の先へ坐める。…「今月はちっと足りませんが…」 86

細君は喧嘩を後日に譲って、倉皇針箱と袖なしを抱えて茶の間へ逃げ込む。 147

(雪江)「叔母さん今日は」と茶の間へつかつか這入って来て、針箱の横へ尻を卸した。 390

長火鉢の傍に陣取って、食卓を前に控えたる主人の三面には、…坊ばと、…とん子と…すん子が、既に勢揃をして朝食を食っている。 385

主人が珍らしく車で玄関から出掛けたあとで、妻君は例の如く食事を済ませて 389

133 家には同じ型のものが三つばかりあった。健三は下女を呼んで茶の間にあるのと取り換えさせようとした。

小供は奥座敷で「何と仰しゃる兎さん」を歌っている。 38

この小供というのは五つ三つで夜になると二人が一つ床へ入って一間へ寝る。 10

小供は六畳の間へ枕をならべて寝る。一間半の襖を隔てて南向の室には細君が数え年三つになる、めん子さんと添乳して横になる。 171

主人はいつの間にか書斎から寝室へ来て細君の隣に延べてある布団の中にいつの間にか潜り込んでいる。 172

実はその洗髪を乾かすために唐縮緬の布団と針箱を縁側へ出して、恭しく主人に尻を向けたのである。 144

三間半の南向の縁側に 23

床の間の前に碁盤を中に挟えて 434

迷亭君は襖の影から…「まあ出玉え。そう唐紙へくっついては僕が坐る所がない。遠慮せずに前へ出たまえ」と… 348

下女が更紗の座布団を床の間へ直して 148

六尺の床を正面に一個の老人が粛然と端坐して控えている。…「さあどうぞあれへ」と床の間の方を指して主人を促がす。主人は両三年前までは座敷はどこへ坐っても構わんものと心得ていたのだが、その後ある人から床の間の講釈を聞いて、あれは上段の間の変化したもので、上使が坐る所だと悟って以来決して床の間へは寄りつかない男である。 347

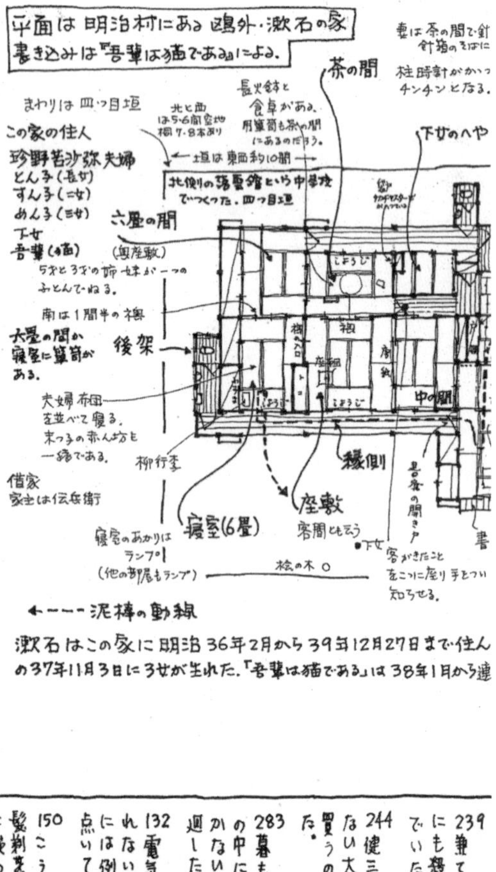

平面は明治村にある鴎外・漱石の家
書き込みは『吾輩は猫である』による。
妻は茶の間で針
針箱のそばに
柱時計がかかっ
チンチンとなる。
茶の間
長火鉢と
食卓がある。
用箪笥も茶の間
にあるのだろう。
まわりは四つ目垣
北と西
は5・6間空地
桐7・8本あり
この家の住人
珍野苦沙弥夫婦
とん子(長女)
すん子(二女)
めん子(三女)
下女
吾輩(猫)
←垣は東西約10間→
北側の落雲館という中学校
でつくった。四つ目垣
下女のへや
六畳の間
(奥座敷)
5才と3才の姉妹が一つの
ふとんでねる。
南は1間半の襖
しょうじ
六畳の間か
寝室に箪笥が
ある。
後架
夫婦布団
を並べて寝る。
末っ子の赤ん坊も
一緒である。
柳行李
中の間
縁側
借家
家主は伝兵衛
座敷
客間ともいう
寝室(6畳)
寝室のあかりは
ランプ
(他の部屋もランプ)
書斎の開き戸
下女
客がきたこと
をこっに座り手をつい
知らせる。
檜の木
←---- 泥棒の動線

漱石はこの家に明治36年2月から39年12月27日まで住ん
の37年11月3日に3女が生れた。「吾輩は猫である」は38年1月から連

239 兼てからわが座敷の如何にも殺風景なのを苦に病んでいた彼は、

244 健三は床の間に釣り合わない大きな朱色の花瓶を買うのに四円いくらか払った。

283 暮も春もない健三の座敷の中に坐った二人は、落付かないように其所いらを見廻した。

132 電気灯のまだ戸ごとに点されない頃だったので、客間には例もの通り暗い洋灯が点いていた。

150 こういうと同時に、彼は髪剃を投げた。髪剃は障子に嵌め込んだ硝子に中ってその一部分を摧いて向う側の縁に落ちた。

215 健三は時々便所へ通う廊下に俯伏になって倒れている細君を抱き起して床の上まで連れて来た。真夜中に雨戸を一枚明けた縁側の端に蹲踞っている彼女を、後から両手で支えて、寝室へ戻って来た経験もあった。

221 寝屋の襖を開けて、次の間から茶の間を通って、下女部屋の入口まで来た彼は、すぐ召使の一人を急き立てて暗い夜の中へ追い遣った。

136 その時突然奥の間で細君の唸るような声がした。

「猫の家」の平面図と『吾輩は猫である』と『道草』の中のこの家にかかわる記述（抄）

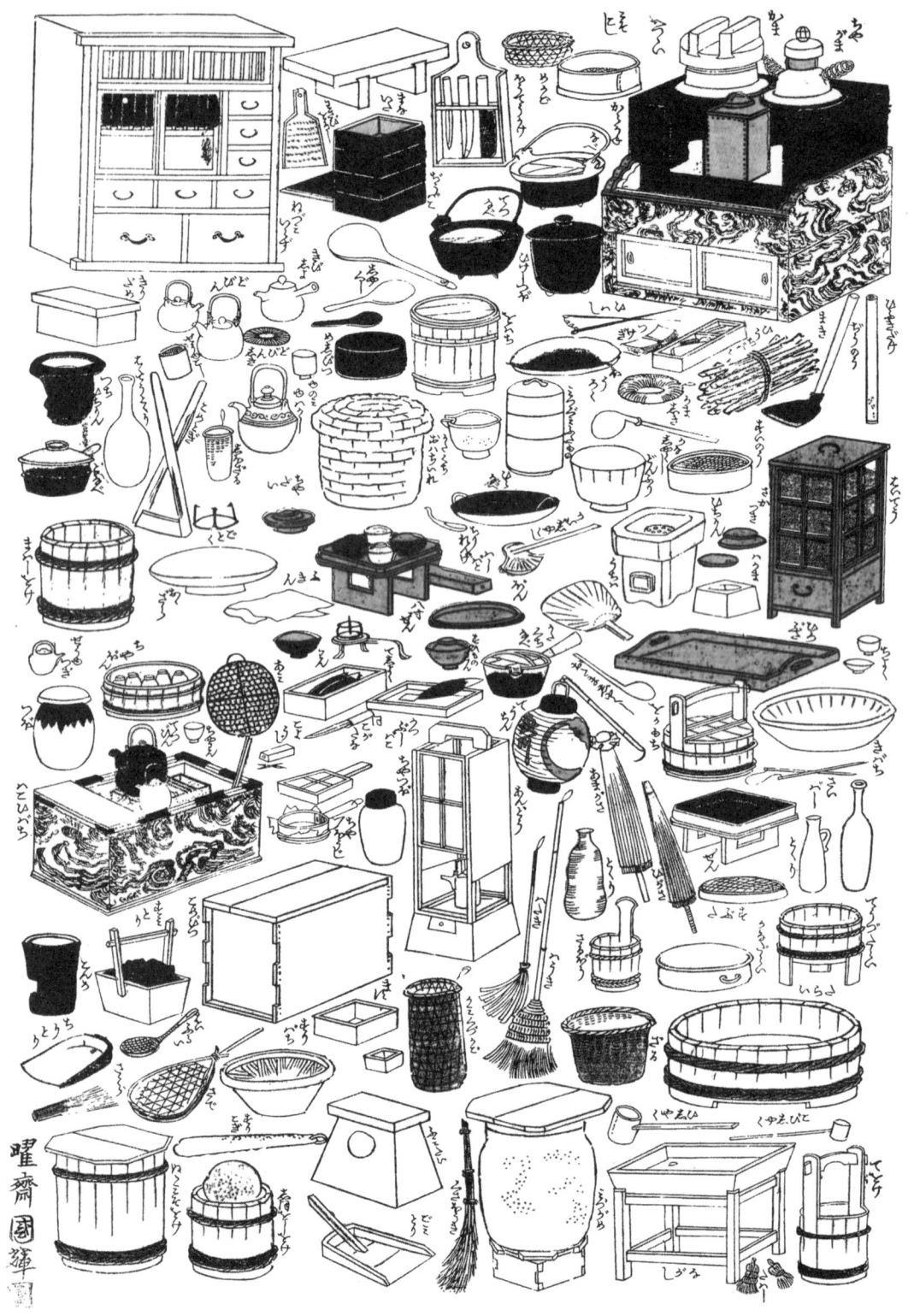

歌川曜斎国輝が描いた維新前後の台所道具

道具の漢字表記は 97 頁を参照してください。

II 「猫の家」の封建性

Ⅱ－01 「猫の家」の封建的なところ

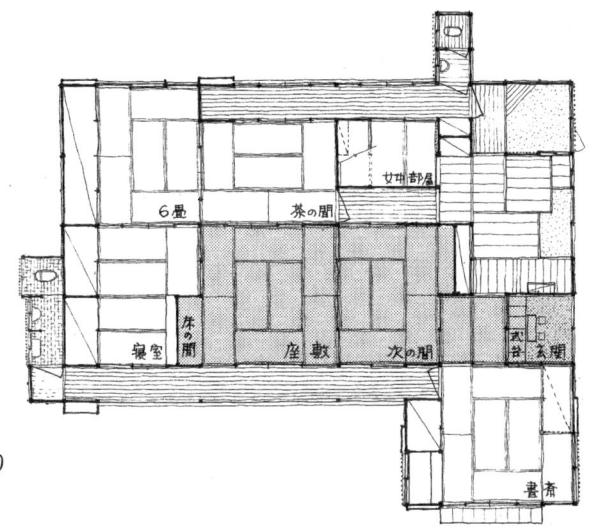

鷗外・漱石が住んだ家の間取り
網をかけた部分がⅡで扱うところ

　第二次世界大戦前からの伝統的な住まいをご存知の方なら、格子戸をガラガラと開けて入ると、三和土の奥に奥行きが30センチから50センチくらいの板敷きの段があり、そこから一段上がると2畳から3畳くらいの畳敷きになった部屋という玄関を覚えていらっしゃると思います。明治村に移された鷗外・漱石が住んだ家の玄関は、正にそのとおりのつくりです。この板敷きの部分は式台といい、江戸時代の武家住宅では、取次ぎの者が訪問者を迎えて蹲踞した場所の名残です。訪問者は、座敷の次の間に通され、其の後座敷でこの家の主人と対面したのです。

　江戸時代の武家屋敷については、次の章で説明することにして、まず「猫の家」の玄関から座敷へのつくりに注目してください。

　次に、座敷はどういう部屋なのでしょうか。座敷は、お客様のためにある、と思っていらっしゃる方が多いのではないでしょうか。江戸時代の武家住宅では、座敷はその家の主人の仕事場でした。江戸時代の半ばをすぎる頃から、少し規模が大きな武家屋敷では、座敷のほかに主人の居間を造る場合もみられるようになりますが、基本的には主人の居間でもあったのです。

　武家の屋敷では、日常的には、訪ねてくるのは主人より身分の低い人でした。訪問者は玄関から入ってくると、取次ぎの侍に誘導されて、次の間に入ります。次の間の先には座敷の主室があって、主室の一番奥の壁面に床の間があり

ます。その床の間の後に、さらにプライベートな部屋があるのが普通です。大名や家老の屋敷のような大きな武家屋敷ですと、奥には日常主人が生活する建物が建っています。大名屋敷ですと、奥から廊下をつたって、殿様が出てきて、座敷の主室の床の間の前に座って、訪問者である家来たちと対面し、話を聞いたのです。註9

　このような使い方があって、武家屋敷では建物や部屋の配列が決まっているのです。そういうようなつくりになっていますから、常に、次の間より座敷の方が奥にあるし、床の間が一番奥にあるのが、江戸時代の表の部屋の配列なのです。

　加賀藩の玄関での対応を記した文書註10をみると、同格の人や身分の上の人に対する迎え方、送り方も定められていますから、そのような人が尋ねてこなかったということはありませんが、将軍が大名の屋敷を訪れる御成りがめったにはないことでわかるように、自分より身分が高い人を迎えることは一生のあいだに何遍かというくらいしかなかったのです。

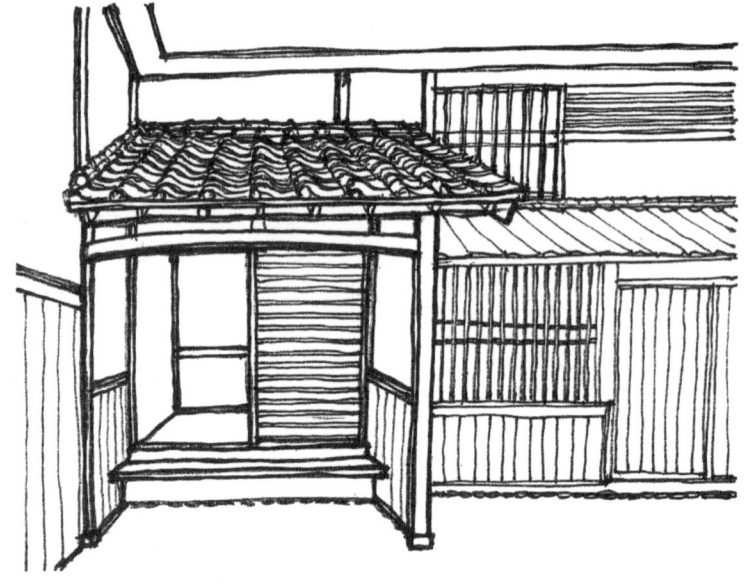

舞良戸のたつ
1間間口の武
家屋敷の玄関
（長崎県島原）

　苦沙弥先生の家を訪ねてきたのは、目上の人ではありません。ですから、苦沙弥先生は、常に床の間の前に座っていたと考えられます。訪ねてきた人の方が、玄関に近いほうに座りますから、封建時代の座敷の使い方そのままということがいえるでしょう。一度、訪ねてきた老人と座る場所をめぐって、やり取りをしています。

（客間即ち座敷での出来事）すると六尺の床を正面に一個の老人が粛然と端坐して控えている。主人は思わず懐から両手を出してぺたりと唐紙の傍へ尻を片づけてしまった。これでは老人と同じく西向きであるから双方とも挨拶の仕様がない。昔堅気の人は礼儀はやかましいものだ。「さあどうぞあれへ」と床の間の方を指して主人を促がす。主人は両三年前までは座敷はどこへ坐っても構わんものと心得ていたのだが、その後ある人から床の間の講釈を聞いて、あれは上段の間の変化したもので、上使が坐る所だと悟って以来決して床の間へは寄りつかない男である。P.347

　このような点から考えると、玄関から入って、次の間、座敷、そして座敷の奥の壁面に床の間があるこの形、この並びは、封建時代そのものです。

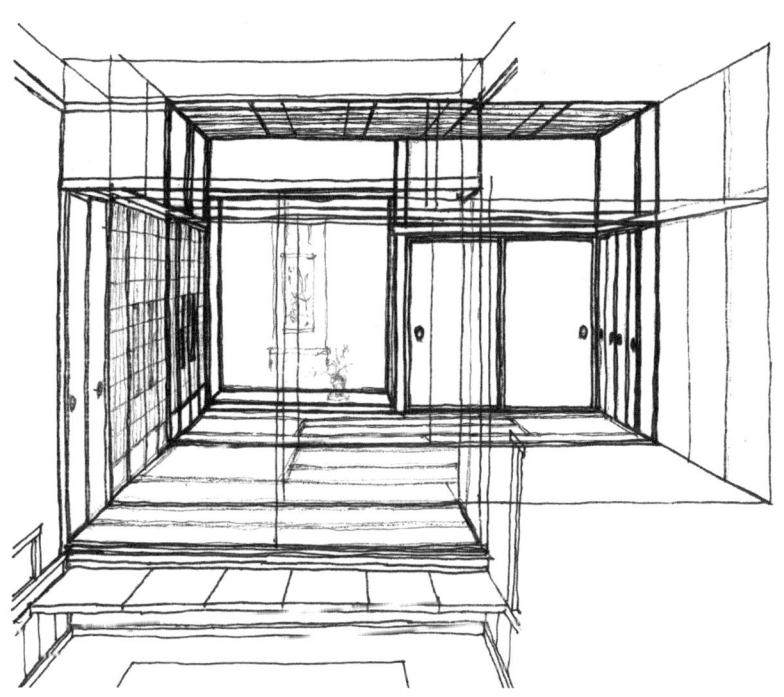

鷗外・漱石が住んだ家の玄関から座敷への様子

Ⅱ-02　中級藩士住宅の座敷

　これまでみてきたように、「猫の家」では玄関から入って、次の間、座敷、そして座敷の奥の壁面に床の間があります。この部屋の並びは、封建時代そのものといえるのではないかという推測を確認するために、同じ程度の広さがある中くらいの武家屋敷の具体的な姿をみることにしましょう。

1．中級藩士住宅の実例 註11

　最初は、津軽藩の城下町、弘前の武家屋敷です。弘前では宝暦5年(1755)に『御家中屋敷改台帳』註12が作られ、さらに9年(1759)に、一軒一軒の状況を調べています。それぞれの家について一枚の紙に敷地の輪郭線を引き、その中に平面図を描き、全体の面積、畳敷き・板敷き・土間別の面積、畳・建具の数を書き加えた台帳『御家中屋鋪建家図』註13が、町ごとに作られました。それぞれの図の端に書かれた給与した藩士の名前の上には、変更のたびに新しい名前を書いた紙片が、重ねて貼り込まれていきました。

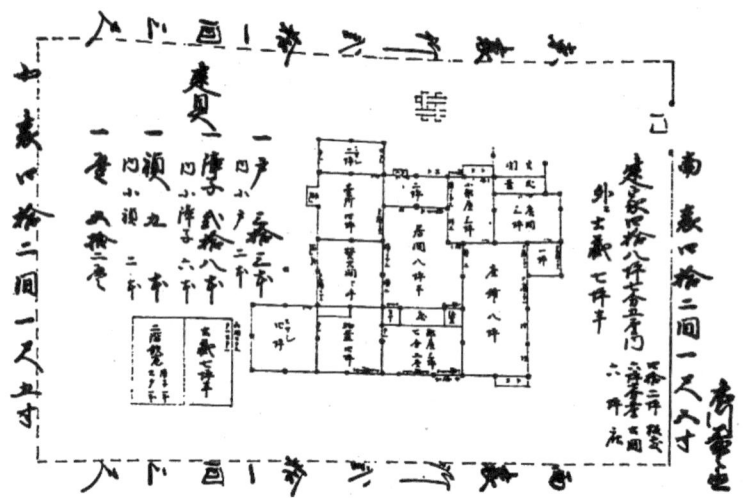

1759年に作成された『御家中屋鋪建家図』中の弘前の武家屋敷の1例

　家老など最も上級の武士の家は、一枚の台紙に書き込めなかったのか、敷地の輪郭線の中に別紙があると書かれています。この別紙がみつかりませんから、弘前の武家屋敷のすべてというわけにはいきませんが、ほぼ全体、「猫の家」と比較しようとする程度の家は、すべての平面図が残っていることになります。ありがたいことに、平面図には部屋の名前が書き込まれ、建具の書き込

みもありますから、どのような家であったか想像することができます。

　この弘前の記録は、城下町全体の武家屋敷の平面がわかる、最も古い資料です。残念ながら弘前には、その後同じような調査はなかったようです。名前のところに幾枚も名札が重なっているので、長い間この帳簿が使われていたと思われます。城下町の建物には大きな変化はなかったのでしょう。それでも全く変化がなかったとは思えませんが、資料がありません。ですから、これらの家が、その後幕末に向かってどのように変化して、明治を迎えたかは追及できません。また、この資料が作られたのが1759年であることは確かで、記録されている家すべてがこのとき建っていたことは間違いないのですが、それぞれがいつ建てられたのかはわかりません。さらに、この台帳にある家のうち、現在そのままの姿で残っているのが全くないという状況なのも残念です。

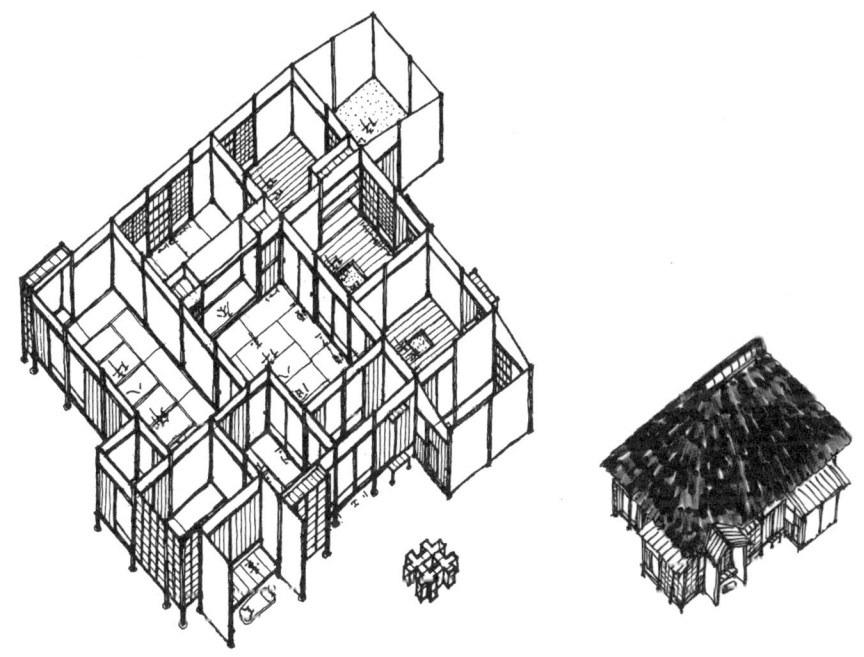

前図の武家屋敷の見取り図

　さて、1759年に建っていた995戸の弘前の城下町の武家屋敷の間取りをみると、一つの原則があることに気づきます。ほとんどの図で、長方形の敷地の短い方の一辺が道路に面していて、この辺に門があります。そして、道路に近い表側、門に一番近いところに玄関を設け、次の間、座敷の順に道路に面する表側に配列し、玄関からみて一番奥の座敷には床の間を奥の壁面に造っていま

す。台所や下居等は、道路からみて裏の方にあります。座敷は、道路に面する側を障子と雨戸にしています。図からはわかりませんが、現在も同じような平面を持った家をみると、家と道路との間に造られた庭があり、座敷から鑑賞できるようになっています。この間取りの原則は、敷地のどちら側に道路があっても変わりません。ですから、北側に道路のある敷地では、座敷は北向きで、太陽の光や暖かさが座敷には全く入ってこなかったはずです。

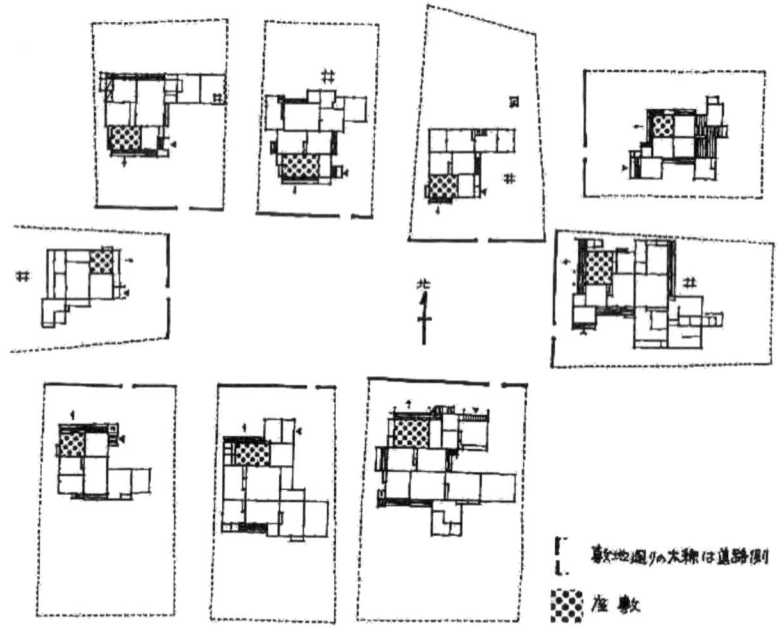

弘前の武家屋敷の配置例

　その1759年の弘前の屋敷の配置図を書き改め、道路の方位が東西南北になる例を集めたのがこの頁の図です。特徴がわかりやすいように、敷地に対して家の平面図を大きく描いています。どの例も座敷が道路に向いて表に造られ、玄関から入ると一番奥の壁面に床の間があります。特別な例だけを拾ったわけではありません。ほとんどが、このような配置を示しています。

　1759年の995戸の弘前の武家屋敷全体では、この原則に沿っているものが、大体90％位です。995戸の内、道路が敷地のどちら側にあるか、言い換えれば、門がどちらを向いているかを考慮して、この原則がどのくらい当てはまるかをみました。

　そうすると、道路が東・西・北側にある敷地では88.3％。南側が道路の場合には94.5％が、座敷の開口部が道路の方を向いています。南側は、日当た

りがよいので、他の方向を開くケースが少ないのでしょう。逆に東・西・北側に道路のある敷地でどのくらい南向きの座敷を作っているかをみると4.7%です。

この説明図では住宅は主屋しか描いていませんが、敷地の中にはこのほかに便所や井戸がありました。裏庭で野菜を育てていた、と思います。

説明の図の平面図についている三角印は、玄関を示しています。矢印は、座敷からの眺めです。

弘前の中町伝統的建造物群保存地区に、確実な創建時期はわかりませんが、このような傾向をみせる、かつての武家屋敷が、何棟か残されています。

中町伝統的建造物群保存地区に実際に行ってみると、道に面した敷地の境界は（図の実線のところは）、生垣です。生垣の内側に、座敷から見る庭が作られています。池は作らないようですが、石が置いてあったり、木が植えてあって、庭になっています。

現代の人達は、日当たりのいい家を作りたい、日当たりのいい家に住みたいと真っ先に言いますが、この弘前の武家屋敷は、まったくそういうことを無視して造られています。

次は、南部藩の盛岡です。盛岡には、大体50年後の文化3年（1806）の武

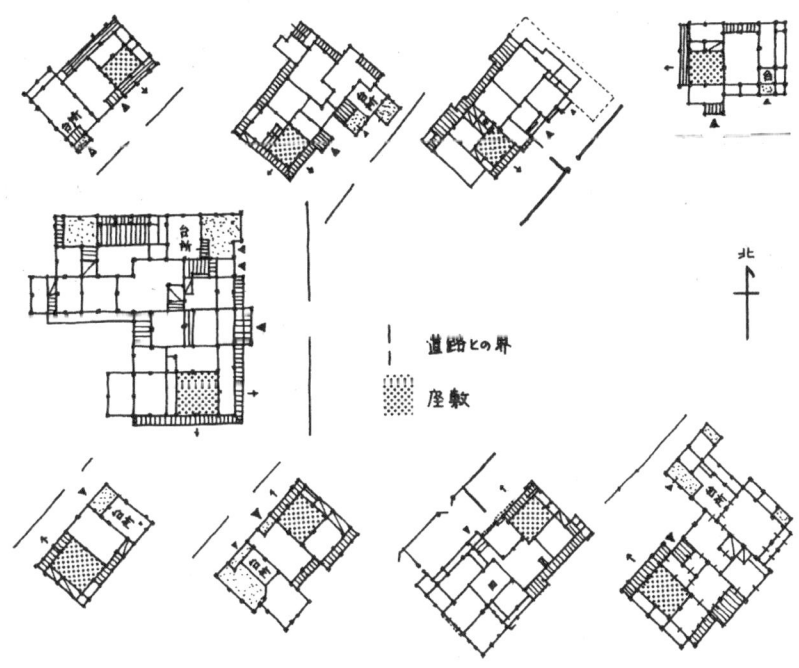

盛岡の武家屋敷の配置例

家屋敷の平面図註14が残っていますから、同じことをみることにします。

　盛岡の町割りは東西南北の軸に対して45°ほど振れている所が多いので、弘前のように方位との関係をみることはできませんが、座敷と道路との関係をみることはできます。ここでも、床の間の位置は、玄関からみて一番奥にある座敷の奥の壁面です。

　盛岡では道路向きに座敷を造っている家が、64.6％あります。弘前の90％からみると、かなり落ちています。この弘前と盛岡の違いが、地域的あるいは藩の違いなのか、50年という年代の違いなのかはすぐにはいえません。しかし、東西・南北の軸に斜めに配置されているので日が当たる座敷はかなり増えています。

　もう一箇所は、萩です。萩の場合は、図面が残っていませんので、実際に残っている建物を調べることにしました。萩の場合も、結果的には、玄関を入ると次の間、座敷と連なり、座敷の奥の壁面に床の間がある配列は変わりません。一方、明らかに座敷が道路側を向いている例は、この調査以前に行われた調査の多くの資料を含めても2軒しかみつかりませんでした。萩の武家屋敷の遺構は、ほとんどの場合、座敷が南を向いていました。造られた年代が確定できる例がないので、この傾向がいつ頃からなのかを知ることができませんでした。

　東側に道路がある家と西側に道路がある家の例を挙げます。この2つの家の間取りは大変よく似ています。南側に道路がある家でも間取りはほとんど同じ

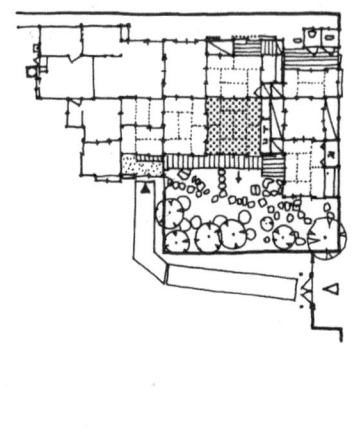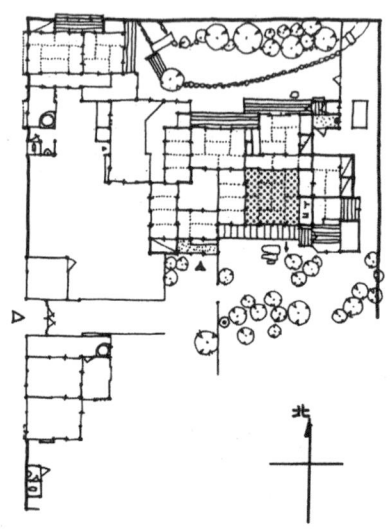

萩の武家屋敷の配置例

で、道路がどちら側にあっても同じ間取りということです。道路が西側の家は道路に玄関が近いので、すんなりと道路から玄関へ行けますが、道路が東側にある場合には玄関が一番奥になり、座敷の前の庭を塀で囲って、その南側を回って玄関へ行くことになります。

　この調査より前に行われた調査の資料の中に、興味ある事例をみつけました。調査したときにはもう壊されてなくなっていた家ですが、基本的には江戸時代に建てられた家を基に、明治になって増築された家の事例です。この家では、明治に増築した部分に南向きの座敷をつくり、その時に江戸時代に造られた部分にあった道路側向きの座敷の床の間を取り壊したというのです。この家の座敷はもともと道路向きだったのですが、明治になって南向きの座敷に変えたということです。萩での座敷が南向きになる時期の一例が、明らかになったのでした。

　この南向きの座敷の床の間も、玄関からみて一番奥にありました。

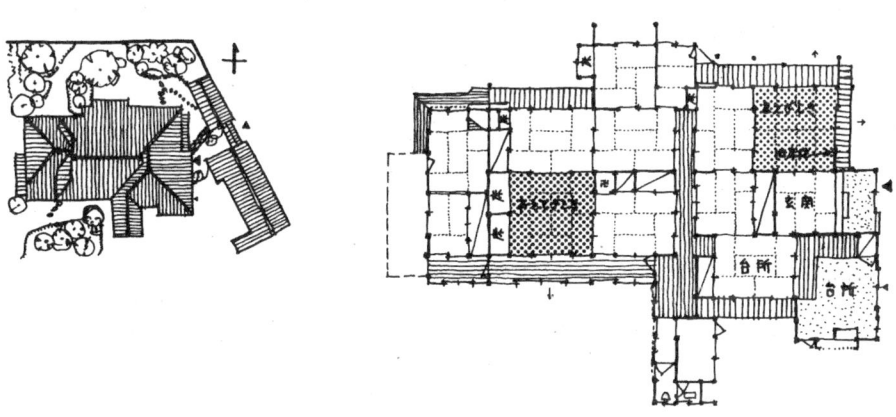

明治になって増築された武家屋敷の説明図
（中央の廊下より左側が明治の増築）

2．封建時代の中級藩士住宅の配置の原則は大名屋敷でも同じ

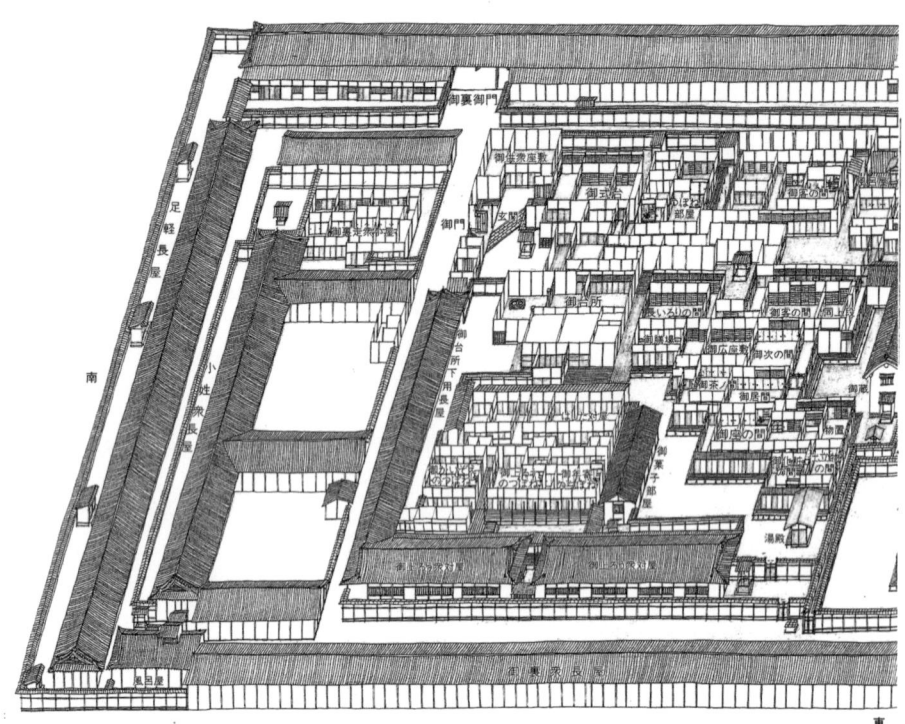

毛利家上屋敷
左頁が奥、右頁が表、右側が北、左側が南、北と西が道路に面しています。

　前節では、「猫の家」についてその平面の特色がいつからみられるかを知るために、「猫の家」と同じくらいの規模を持つ江戸時代の中級藩士の住まいの実例を、弘前、盛岡、萩にみてきました。その結果、玄関から次の間、座敷へと表から奥へ並び、座敷の奥側の壁面に床の間を設ける部屋の配列が、江戸時代を通じて中級藩士住宅の原則的な配列であったことと、この対面のための部屋系列の内の主室である座敷が、18世紀の半ば頃までは表側に配置され、方位に関係なく道路向きに開口部を設けていたのですが、幕末に向かって次第に南向きになっていくことを明らかにしました。

　表から奥へ、玄関、次の間、そして座敷への配列を封建時代の中級藩士住宅の間取りの原則とみてきましたが、この原則は、実は中級藩士の住宅に限ったことではなく、大名の居城での御殿や江戸屋敷でも同じです。例えば、江戸時代初期の、萩に居城を持っていた毛利家の江戸上屋敷は、敷地の北面に表門を構えていて、表門に面して玄関、その奥に御広間、御書院、御書院より少し小

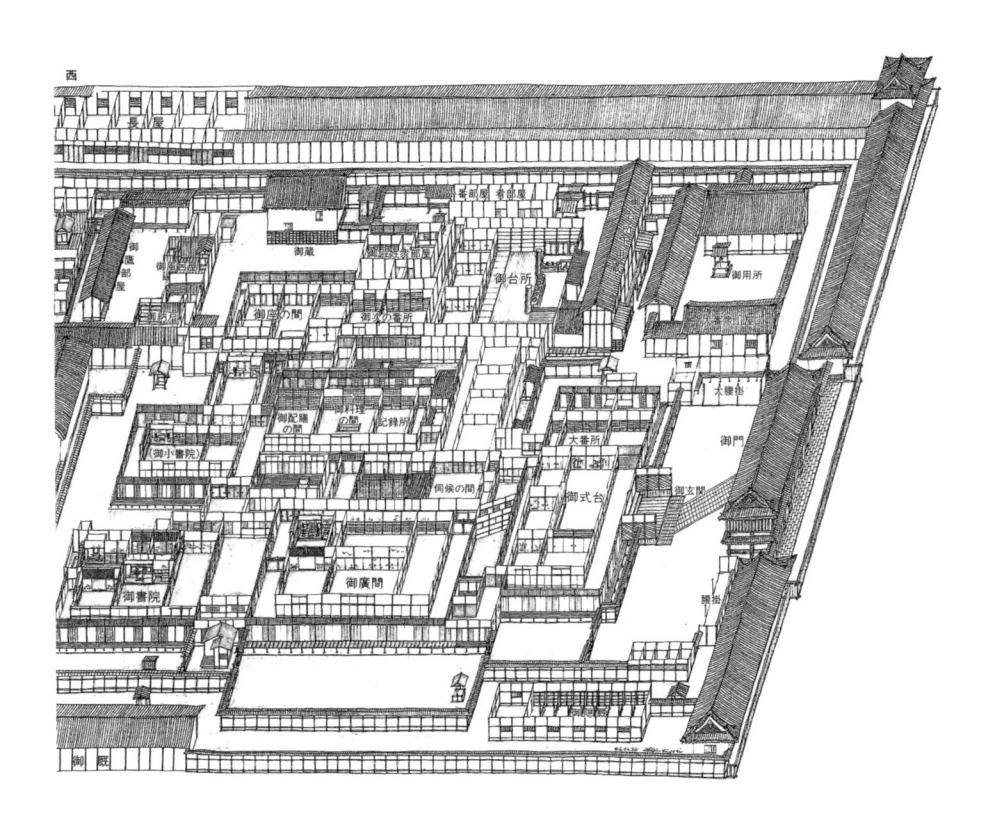

規模なもう一つの書院、御座之間を配置しています。御広間をはじめとする御座之間までの建物は、全て奥に床の間等の座敷飾を備える主室を奥に配置しています。敷地が南北に長いので、これらの建物も南北に長い建物となって、北側の道路に向けて建ててはいませんが、南を向いている建物はなく、いずれも東を開き、東側に庭を設けています。

　この原則は、幕府の江戸城や、将軍が上洛したときの京都での宿館二条城の二の丸御殿でも変わりません。江戸城では、節句等の儀式と対面の場となり、勅使を迎えて将軍宣下が行われ、勅使供応の御殿となった最も格式の高い大広間・白書院、内輪の対面等の場である黒書院、将軍が日常政務をみた御座之間、将軍の居間であり就寝の御殿である御休息が表から奥へ順に並び、対面の場合に将軍は奥から表側の黒書院・白書院や大広間の上段の間に出てきました。その上段の間は、それぞれの建物の一番奥にあり、上段の間の奥の壁面には床、違棚、その左右に付書院と帳台構がありました。

江戸城　本丸御殿大広間の下段の間から中段の間を通して上段の間をみると

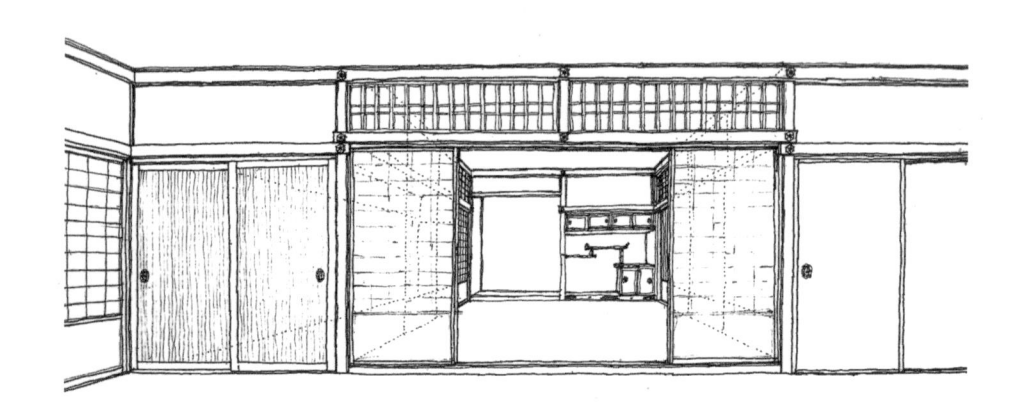

江戸城　本丸御殿大奥御小座敷（将軍の寝室）　下段の間から上段の間をみると

　二条城の場合には、大広間、黒書院（江戸時代の呼称は小広間）、白書院（同じく御座之間）となりますが、この基本的な配列に変化はありません。

　大名の屋敷でも、幕府の江戸城などでも、広間、書院、御座之間などと呼ばれるいずれの建物も、最も奥に床、違棚等を持つ上段の間を備えている上に、より公的な性格を持つ対面の御殿が表に、御座之間のような私的な性格を持つ建物が奥に配置されていて、中級藩士住宅の部屋々々の持つ性格を一つ一つの御殿が持ち、さらに全体の配置にも備えていたことになります。

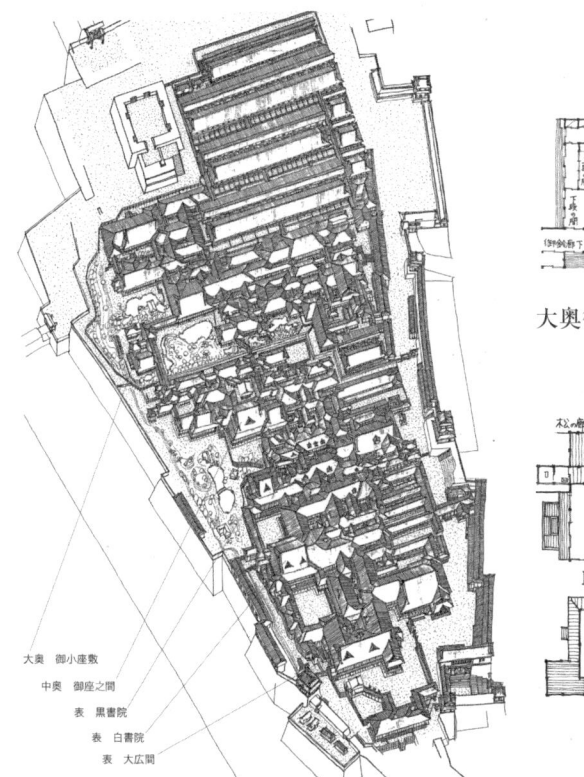

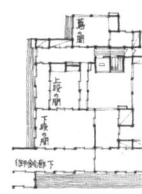

大奥御小座敷の平面図

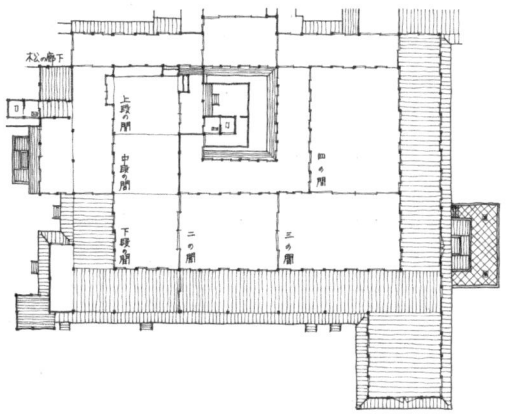

大広間の平面図

大奥　御小座敷
中奥　御座之間
表　　黒書院
表　　白書院
表　　大広間

弘化度江戸城本丸御殿

江戸城　白書院　下段の間から上段の間をみると

Ⅱ－03 「猫の家」の座敷の造りと使われ方

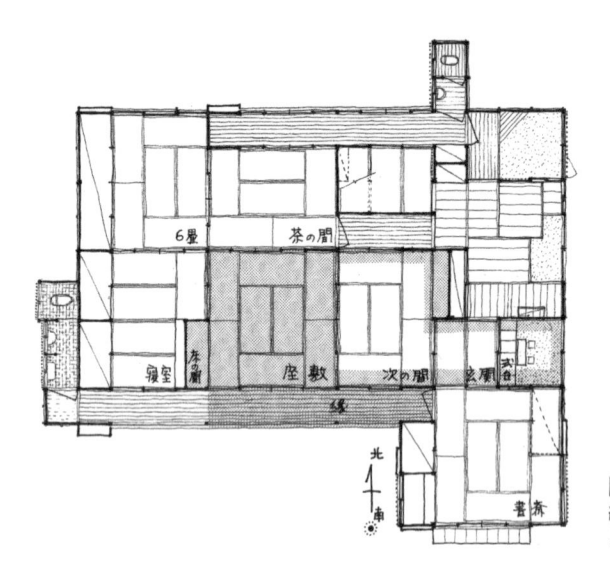

鷗外・漱石が住んだ家の間取り
網は座敷と座敷のつくりに関係する部分

1.「猫の家」の座敷の造り

　この「猫の家」では、座敷は、南側の日当たりのいいところにあります。玄関から入ってくると、まず、次の間があり、そして、その先が座敷です。座敷の一番奥の面に、床の間があります。

　大きな武家屋敷ですと、その後に、さらにプライベートな建物が建っているので、そちらから廊下をつたって殿様が出てきて、床の間の前に座って、訪れてきた家来達と対面したのです。そして、色々な事務的な話を聞くわけです。ですから、常に、座敷の方が次の間より奥にあるし、床の間が一番奥にあったのです。

　中くらいの藩士の屋敷でも、弘前その他の例でみてきたように、この造り、即ちこの配列の原則は同じでした。それが、江戸時代の間取りなのです。「猫の家」の玄関から座敷への配列が江戸時代の武家屋敷の配置の原則と同じということまで、先ずは理解していただこうと思います。

　後半で話題にするのですが、大正・昭和頃の都市住宅では座敷が玄関の近くに、次の間の方が奥にある形に変わります。座敷につくられる床の間は座敷の一番奥ではなくて、玄関と背中合わせに造られるようになります。座敷の変化について、先に説明した18世紀中頃から明治へと道路向きから南向きへと変

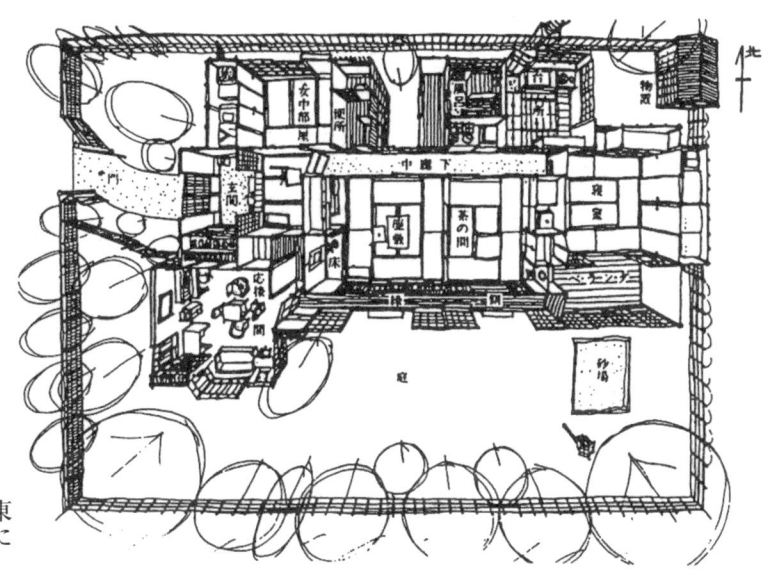

昭和3年に東京の洗足村に建った家

化していくこと、そして座敷と次の間のこのような変化が起こることまで話を進めないと、「猫の家」の玄関から座敷への配列が江戸時代の武家屋敷の配置の原則と同じということまでは理解していただいても、その中に近代的な要因ですでに変化が起こっているという状況までは理解していただけないのではないかと思います。座敷と次の間の並びが逆転する部分は第Ⅲ章に譲って、第Ⅱ章では、玄関から入って、次の間、座敷、床の間があるこの配列が、江戸時代の武家屋敷の原則のままであるということと、18世紀中頃まで道路向きであった座敷が、明治に向かって次第に南向きになっていくところまでを理解しておいていただき、「猫の家」が部屋の配列は江戸時代の武家屋敷そのままで、方位については道路向きではなく、南向きに変わっていることを知っていただきたいと考えています。

2.「猫の家」の座敷の使われ方

　まず、この家の座敷に客を迎えたときの描写を引用します。

折から表格子をあららかに開けて、重い靴の音が二た足ほど沓脱ぎに響いたと思ったら「ちょっと頼みます、ちょっと頼みます」と大きな声がする。主人の尻の重いに反して迷亭はまた頗る気軽な男であるから、御三の取次に出るのも待たず、通れといいながら隔ての中の間を二た足ばかりに飛び越えて玄関に躍り出した。－略－その御客さんが玄関へ出張するのに主人たる苦沙弥先生が座敷へ構え込んで動かん法はない。P.363

下女が更紗の座布団を床の前へ直して、どうぞこれへと引き下がった、跡で、鈴木君は一応室内を見廻わす。床に掛けた花開万国春とある木菴の贋物や、京製の安青磁に活けた彼岸桜などを一々順番に点検したあとで、ふと下女の勧めた布団の上を見るといつの間にか一疋の猫が済まして坐っている。P.148

折から格子戸のベルが飛び上るほど鳴って「御免なさい」と鋭どい女の声がする。－略－鼻子は先ず初対面の挨拶を終って「どうも結構な御住居ですこと」と座敷中を睨め廻わす。P.102

「頼む頼む」と玄関から大きな声で案内を乞う者がある。－略－すると客人は沓脱から敷台へ飛び上がって障子を開け放ってつかつか上り込んで来た。主人も主人だが客も客だ。座敷の方へ行ったなと思うと襖を二、三度あけたり閉てたりして、今度は書斎の方へやってくる。－略－主人は懐手のままぬっと立ちながら「また人を担ぐつもりだろう」と椽側（ママ）へ出て何の気もつかずに客間へ這入り込んだ。すると六尺の床を正面に一個の老人が粛然と端坐して控えている。主人は思わず懐から両手を出してぺたりと唐紙の傍へ尻を片づけてしまった。これでは老人と同じく西向きであるから双方とも挨拶の仕様がない。昔堅気の人は礼儀はやかましいものだ。「さあどうぞあれへ」と床の間の方を指して主人を促がす。主人は両三年前までは座敷はどこへ坐っても構わんものと心得ていたのだが、その後ある人から床の間の講釈を聞いて、あれは上段の間の変化したもので、上使が坐わる所だと悟って以来決して床の間へは寄りつかない男である。ことに見ず知らずの年長者が頑と構えているのだから上座どころではない。P.346-47

　これらから、玄関での訪問者の扱いから、座敷へ通すまでの状況がわかります。玄関に取次ぎに出るのは、本来御三（下女）です。これらの描写からみると、

鷗外・漱石が住んだ家の座敷と次の間

　訪問者は座敷に通されるようです。訪問者のために床の間の前に座布団をととのえ、訪問者にその席をすすめて引き下がります。訪問者が座敷に通されてから、主人が出てきます。このように此処に引用したところで登場する鼻子、鈴木、そして老人は、苦沙弥先生を日常的に訪れている人々と違い、取次ぐ段階では、素性がわかりません。訪問者の素性が不明かあるいはそれに近い人々の場合には、取次ぎの下女はひとまず主人より目上の人かもしれないと考えて、床の間の前の座へ案内しています。江戸時代にも、めったにない目上の訪問者の場合には、床の間の前を訪問者の席として、主人は下座に座ります。

　しかし、『吾輩は猫である』の中で、苦沙弥先生を訪ねた人々は、ほとんどが苦沙弥先生からみれば格下です。幾分でも目下ということで、素性のわからない訪問者とは扱いが違います。

　日常的な描写を引用します。

座敷へ遣入って見ると驚いたのは迷亭先生まだ帰らない、巻煙草の吸い殻を蜂の巣の如く火鉢の中へ突き立てて、大胡坐で何か話し立てている。いつの間にか寒月君さえ来ている。主人は手枕をして天井の雨洩りを余念もなく眺めている。P.124-25

　『吾輩は猫である』を読んでわかるように、いつも苦沙弥先生は、座敷でくつろいでいます。手枕で寝転んでいるこの引用の光景がいつもではないでしょ

う。しかし、いつもは、苦沙弥先生は床の間の側に座っていると思われます。訪ねてきた人の方が玄関に近いほうに座ることになりますから、まさに封建時代の座敷の使い方そのまま、ということになります。

　座敷にはもう一つの性格があります。それにかかわる描写を引用します。
主人は筆硯を座敷の真中へ持ち出して、細君を前に呼びつけて「これから盗難告訴をかくから、盗られたものを一々いえ。さあいえ」とあたかも喧嘩でもするような口調でいう。P.184
ついでに裏へ行って用を足そうと思ってのそのそ這い出した。すると主人は失望と怒りを掻き交ぜたような声をして、座敷の中から「この馬鹿野郎」と怒鳴った。（縁側にいた猫を主人がスケッチをしていた。）P.14

　座敷は客を迎える部屋と考えている人が多いのですが、江戸時代の武家住宅では、座敷がその家の主人の居間だったのです。居間であり、仕事場です。主人は、家事・家計に目を配る必要がありました。支配している場所があれば、そこのこともみなければならなかったのです。註15 江戸時代も時代が下ると、あるいは屋敷の規模が大きくなると、奥に主人の居間が造られるようになります。それまでは座敷が主人の居間です。このことは、『吾輩は猫である』の苦沙弥先生の生活でも明らかです。明治になっても基本的には座敷が主人のための部屋だったことが、明治に書かれた多くの家庭小説や家庭に関する著書から読み取ることができます。註16 この引用は、座敷の持つもう一つの性格をあらわしています。

Ⅱ-04 「猫の家」の封建的性格

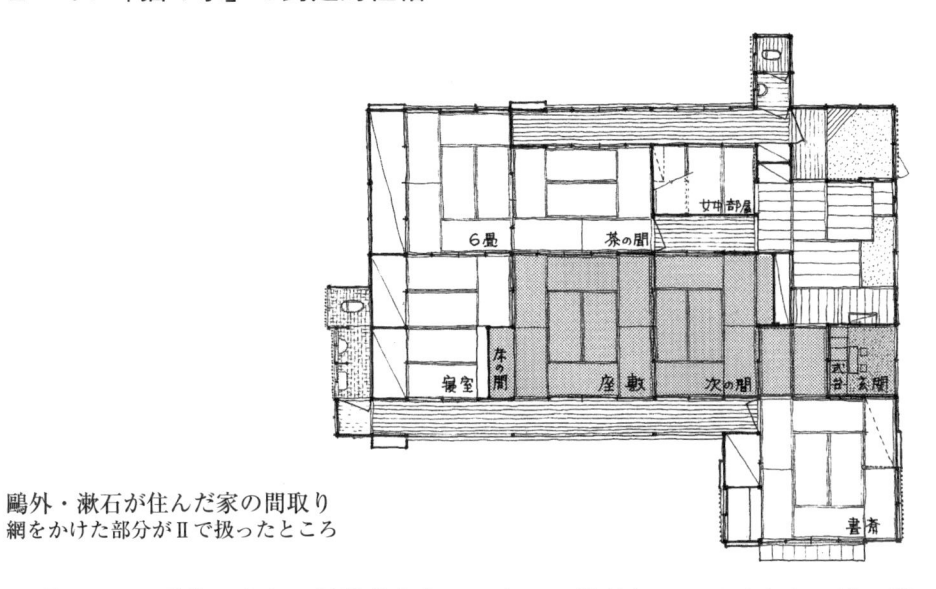

鷗外・漱石が住んだ家の間取り
網をかけた部分がⅡで扱ったところ

　「Ⅱ-01 「猫の家」の封建的なところ」で、注目している点として次の諸点を挙げました。

　「猫の家」の玄関から座敷へのつくりに注目してください。玄関から入って次の間があり、次の間より座敷の方が奥にあり、床の間が座敷の一番奥の壁面に玄関のほうを向いて設けてあります。

　この玄関から座敷への配列が、江戸時代からの表の部屋の配列です。そして、江戸時代の武家住宅では、取次ぎの者が訪問者を迎え、訪問者を座敷の次の間に通し、其の後座敷の床の間の前に座ったこの家の主人と座敷で対面したのです。

　この玄関から座敷への配列が、江戸時代からの表の部屋の配列とする注目点について、「Ⅱ-02　中級藩士住宅の座敷」で、宝暦9年(1759)につくられた『御家中屋舗建家図』による弘前藩の例を始めとする史料や調査資料を用いて、封建時代からの遺風であることを明らかにしました。

　座敷は客を迎える部屋と考えている人が多いのですが、江戸時代には主人より身分の高い訪問者を迎えることはめったになく、対等の訪問者も少なかったのです。通常は目下の訪問者でしたから、対面の形式を取っていました。「猫の家」での玄関から座敷への系列の部屋の使い方は、封建時代そのままといえるでしょう。

江戸時代の武家住宅では、座敷がその家の主人の居間で仕事場でした。この性格を受け継いでいることは、『吾輩は猫である』の苦沙弥先生の生活で明らかです。

　細かいところでは、玄関を入ると三和土の奥に奥行きが30センチくらいの式台と呼ばれる板敷きの段があり、そこから一段上がると畳敷きの2畳の畳敷きになっているところは、封建時代の武家屋敷の玄関のつくりを受け継いでいます。

　ただ、その中で、玄関に入るところの、三和土に踏み込むところにガラスの入った格子戸があるのは新しい時代の戸締りです。江戸時代の武家屋敷では、三和土の外には建具はなく、式台は建物の外側にありました。戸締りは三和土と畳敷きの境でした。鷗外・漱石が住んだ家では、三和土の外側で戸締りをしていたので、ここにあるのは2枚の引違いの障子です。江戸時代ですと、畳敷きが2畳の場合、即ち間口が1間の場合には、畳敷きの部分の三和土際、すなわち上がり框を敷居として3本の溝を掘り、引き違いの2枚の舞良戸と1枚の障子をたてていました。戸締りをするときは引き違いの舞良戸をたて、日中は舞良戸を片方に重ねて片方を障子としました。そして、通行する時は、障子を、重ねた舞良戸の内に引いたのです。この家では、ここで戸締りをする必要がなくなったために、舞良戸が消え、引き違いの障子に変わったのです。

　また、「猫の家」では座敷と次の間の南側に縁側があり、日当たりのよい南に面する座敷ですが、封建時代には日当たりとは関係なく座敷は表の道に面するように配置され、日当たりのよい座敷は敷地の南側に道がある場合に限られていました。道に面するのが南側以外の場合に、日当たりのよい南面する座敷を造るようになるのは、18世紀半ば頃からの新しい傾向です。この変化を、主人が使う座敷から、快適な生活を志向しての、近代化の始まりとみることができます。

Ⅲ 「猫の家」の近代性

Ⅲ－01 「猫の家」の近代的なところ

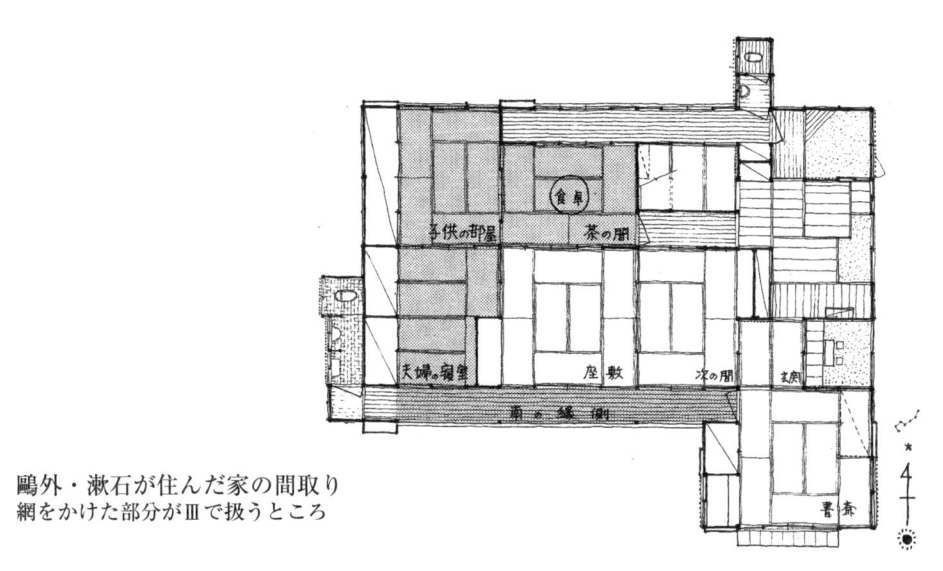

鷗外・漱石が住んだ家の間取り
網をかけた部分がⅢで扱うところ

　鷗外・漱石が借りて住んだこの家には、古い面もあれば、新しい面もあります。封建時代のつくりを受け継いでいる玄関、次の間、座敷の配列にも、新しい面がありました。玄関、次の間、座敷の配列は、「Ⅱ－02　中級藩士住宅の座敷」でみたように、江戸時代の中期1759年の弘前の例では、90％くらいが封建時代の道路との関係を基本とした配置の原則をみせていました。東・西・北に道路がある敷地で、座敷を南向きに造っていた家は4.7％しかありませんでした。しかし、この4.7％は、封建的制約が強い江戸時代の中頃に、生活の快適さを求めて変化を始めたその現れと考えられるのです。

　その50年ほど後の盛岡の場合に道路向きが65％くらいに減り、第二次世界大戦に入る頃には南面を当然とするようになっていることからその始まりの時期を考えれば、座敷を南面させる傾向は18世紀の初め頃にはほとんどなく、100％道路との関係を基本とした封建的な配置の原則をみせていたのではないかと推測できるでしょう。そして、その後時代とともに南面するように変化していったとみていいでしょう。この座敷が南を向くようになるその変化が、座敷を居間とした主人の生活を快適にする目的であったとすれば、この傾向を近代化と呼んでいいのではないかと考えています。

　この家の寝室は、夫婦の寝室と子供たちの部屋の二部屋です。封建時代には、夫婦のための寝室が確立していません。大名の屋敷では専用の寝室を設けるの

は常ですが、それぞれの居住部分である、表に夫の寝室が、奥に奥方用の寝室が造られました。夫婦の寝室、子供の寝室を分けるのは、欧米の生活習慣の影響で、近代化の現れの一つと考えていいでしょう。

　「猫の家」では、茶の間が、家族が食事をする部屋です。茶の間で家族が食事をし、その茶の間が日常夫人の居間になっているところは、封建時代にはなかった、全く新しい生活様式です。

『吾輩は猫である』
下巻（明治40年5月19日刊）
挿絵　浅井忠画

　この茶の間には、食卓がありました。この食卓を囲んで、食事のために家族が集まっています。『吾輩は猫である』が明治40年に単行本になったときに加えられた挿絵が、文章以上にその様子を描いています。その挿絵には三人の子供だけが描かれていますが、挿絵のために準備され使われなかった案註17には苦沙弥先生の横顔も食卓の右手前に描かれています。江戸時代は、家族でもそれぞれ食事をする場所が違い、時間的な前後があり、食器を載せる膳にも種類があり、食事の内容にも差別がありました。

　その江戸時代の生活様式に対して、近代的な家族関係は、食事の場としての茶の間を生むことになりました。一部屋に家族が集まって、一緒に食事をする

ために茶の間がつくられ、家族全員の食器を並べるために、食卓が生まれました。

　もう一つは、台所と茶の間をつなぐ廊下の存在です。この廊下を使うのは、おもに女中です。その後の中廊下の芽生えとみれば、新しい要素です。

　これらの点に注目して、Ⅲを進めていきます。

Ⅲ-02 都市住宅の座敷は南向きを志向している

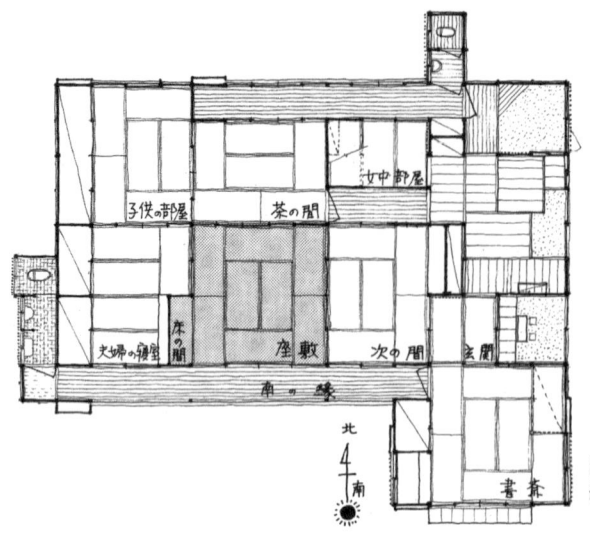

鴎外・漱石が住んだ家の間取り
網をかけた部分が座敷と南の縁

　昭和に入って第二次世界大戦の敗戦までに造られた多くの住宅では、座敷が家の中で最もいい部屋で、立派な庭がその前に造られ、南向きの日当たりのいい部屋でした。座敷には少なくとも床の間があり、違い棚や書院窓まで備えていることも珍しくありませんでした。昭和3年に東京の新興住宅地に建った私の育った家にも、そのようないい部屋がありました。毎日掃除をし、床の間には季節の掛け軸と花が飾られていましたが、日常的にはほとんど使われることがありませんでした。隣の茶の間だけでは手狭になるお正月の集まりに、茶の間の延長スペースとして使われるくらいでした。客を通す部屋という観念が常識的にあったと思いますが、床の間や違い棚を備えるような座敷を持った家には、洋風の応接間があるのが普通でしたので、客を応接間に通し、座敷へということはどの家でもめったになかったのではないでしょうか。
　座敷はこのような部屋でしたし、床の間や違い棚を備える部屋のつくりが江戸時代の武士の家のつくりからきていることは誰でも知っていましたから、家の中で一番いい場所を占めていた南に面する座敷は封建的だという常識が生まれたのでしょう。その上、大正から昭和初期に提唱された生活改善・住宅改良の運動で、座敷と封建性の象徴としての床の間が盛んに排斥されましたから、註18 家制度の中に残っていた封建的な法制度や日常的な習慣とともに、住まいの中では封建時代のシンボルのような存在になっていたのでした。

たしかに、座敷は江戸時代の武士の住宅での重要な部屋のつくりでしたから、封建的でないとはいいませんが、そのような中にも、新しい要素があるのです。座敷をメインの部屋とする玄関、次の間、座敷の系列は、「Ⅱ－02　中級藩士住宅の座敷」でみたように、江戸時代の中期1759年の弘前の例では、90％くらいが道路との関係を基本とした封建時代の原則にそっていました。この原則では、座敷の庭に向かって開かれる側は道路のほうを向いていて、南側に道路のある敷地以外では南向きにはなりません。城下町の町割りによりますが、東西に伸びる道路、南北に向かう道路が同じ割合だったとすれば、日当たりのいい座敷を造ることができる南向きの敷地は4分の1ですから、残りの4分の3の敷地に建つ家の座敷は日当たりがよくなかったことになります。そのような敷地で、南を向いた座敷を持っていた家は4.7％しかありませんでした。

　江戸時代の藩による住宅に対する指導の状況をみていくと、藩士の身分と給与する住宅の広さを規制するだけでなく、基本となる平面まで図示している場合が幾つか知られています。その内の信州上田の例をみると、1から9までの9段階の平面を図で示し、天井の有無、畳敷きなどの床の状況や建具の種別、赤壁の有無などを付記しています。註19　敷地の中での配置に関しては何も書いてありませんが、玄関のあるほうを道路側とするのが普通ですので、そのまま建てれば座敷は道路向きになって、封建時代の原則としたとおりの座敷の配置になります。

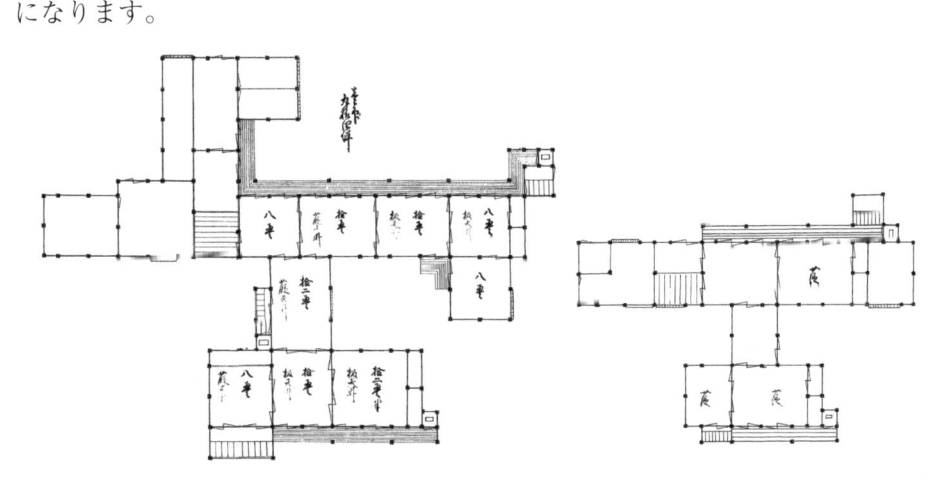

上田の定式に示されている壱印（左）と三印（右）の平面例

　幕末に向かって、座敷が次第に南向きに変わっていくことは、「Ⅱ－02　中級藩士住宅の座敷」に書きましたので改めて述べませんが、『吾輩は猫である』

よりやや遅れて出版された『日本住宅建築図案百種全』註20で、座敷の向きについて調べてみました。

鷗外・漱石が住んだ家の坪数は、38坪ほど、書斎を除くと35坪ほどですので、『日本住宅建築図案百種全』から30坪から40坪までの平屋の図案を拾いました。

該当する図案は13例あり、30坪以上35坪未満が8例、35坪以上40坪までが5例です。敷地までわかるものが少ないのですが、玄関の向きで分類して、座敷の向きをみました。

　　　　　　［ゴシック体は『図案百種』の図番号、（　）内は坪数、座敷の向き］
玄関北向き　　**39**（32.75）北、**40**（32.87）南と北、**43**（33.75）南
玄関東向き　　**38**（32.17）東と南、**58**（39.36）東と西、**60**（40）東と南
玄関南向き　　**44**（34）南、**45**（34.25）東と南
玄関南西向き　**37**（31.89）南西、**49**（36）東南
玄関西向き
玄関北西向き　**36**（31.3）東南、**52**（37.75）北西、**59**（39.85）東南
　　　　　　　　　　　　計　例数13，南向きの座敷10

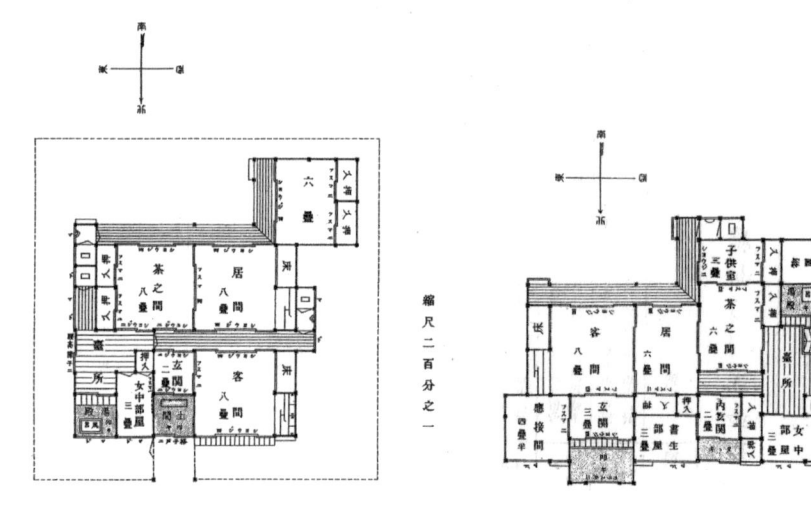

『日本建築図案百種全』第39図（左）と第43図（右）

この資料では、座敷が南を向いている例が13例中10例で、北を向いているのは2例しかありません。明治も終わり、大正に入る頃には、ほとんどの家の座敷が南向きになっていたことがわかります。

「猫の家」より後の変化になりますが、南向きの座敷にさらに変化が起こり

ます。これは、後で話を進める、茶の間が南向きになっていく変化と関連しています。茶の間については後に譲り、ここでは座敷について簡単に触れておきます。

　後に茶の間の南向き志向のところで述べますが、昭和になって敗戦までのあいだに、座敷の次の間が茶の間となって、茶の間が南側に出てきます。封建時代の配列のままだと、そのとき茶の間のほうが座敷より表側になり、訪問者は私的な茶の間の前を通って玄関から座敷へ導かれることになります。これを避けるためと推測されますが、座敷と茶の間になった次の間が逆転して、茶の間として使われるようになった次の間のほうが、奥に位置するようになります。これらの部屋の配列が、表から玄関、座敷、次の間（茶の間）、となり、玄関からの配列の一番奥にあった座敷の床の間が表側に位置することになって、床の間が玄関と背中合わせになることになりました。

　このような玄関から座敷への配列に起こった変化に対する対応を「猫の家」でみると、座敷が南に面するようになったところまで、ということができます。その後、座敷の次の間が茶の間となり、座敷と次の間の配列が逆転する変化は、「猫の家」ではその兆候すらみせていません。

Ⅲ-03 膳から食卓へ

『吾輩は猫である』に

二人の小供が馬鹿に早くから目を覚まして、まだ主人夫婦の寐ている間に対い合うて食卓に着いた。P.31

と書いてあるように、それより挿絵にはっきり描かれていますが、苦沙弥先生の家の食事の場には、食卓が置いてありました。子供たちが食卓を囲んで、ご飯を食べています。前の節で述べたように、このシーンに使うために描かれて使われなかった挿絵の案をみると、子供たちだけでなく苦沙弥先生の横顔も食卓の右側に描かれています。小説の中では、苦沙弥先生もこの食事の場に出てきます。夫婦も、一緒に食卓についていたと考えていいでしょう。

『吾輩は猫である』下巻の挿絵に使われなかった下絵
浅井忠画　千葉県立美術館蔵

このような光景は、江戸時代の家庭には通常はみられません。江戸時代のさまざまな風俗を集成した『守貞謾稿』註21 の中の住居や生活用具にかかわる巻や、江戸時代の百科事典『和漢三才図会』註22 にも、苦沙弥先生の家で使われていたような食卓は出てきません。4人の男性たちが丸い食卓を囲んでいる光景は、『江戸流行料理通大全　乾』註23 に卓袱(しっぽく)料理を食べているシーンとして描かれて

『江戸流行料理通大全　乾』挿絵

います。この本だけでなく、描かれた卓袱料理の食事風景では、食卓を囲む光景がしばしばみうけられます。

　また、細長い板の机に向かって食事をしている光景が、廓の台所での禿（かむろ）たちの食事のシーンとして描かれています。註24

細長い板の机に向かって食事をしている光景

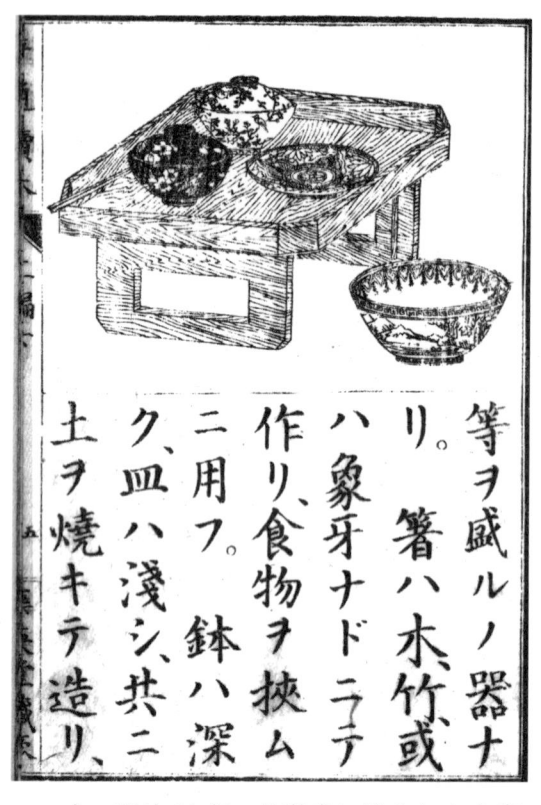

等ヲ盛ルノ器ナリ。箸ハ木竹或ハ象牙ナドニテ作リ、食物ヲ挾ムニ用フ。鉢ハ深ク、皿ハ淺シ、共ニ土ヲ燒キテ造リ、

『普通読本二編下』に示された膳

　一方、明治19年の教科書に描かれた食事のための用具の中には、食卓は出てきません。大きく挿絵として描かれたのは、木具膳です。本文では「膳ハ木ニテ作リ、漆ヲ塗リタルモノニテ、椀、茶碗、箸、皿等ヲ載スル台ナリ。其足ナキヲ折敷トイフ。」と説明しています。この教科書は『普通読本二編下』註25といい、家の説明の章から始まり、座敷、居間等についても説明していますが、食事の時にそれらの部屋をどのように使ったかについては説明していません。食事に使われる道具がずらっと並んでいますが、そこに「ちゃぶだい」は出てきません。教科書は当時すでに文部省が検定していますが、どのくらい使われたのかはわかりません。しかし、明治19年の国語の教科書にこのように載るということは、当時食卓はまだ一般的ではなかった、あるいは使われ始めていても、まだ珍しかったといえると思います。

　ここで、食卓がいつから使われるようになったのかを考える前に、お膳の形式と使われ方についてふれておきます。

　基本的なお膳の種類は、『守貞謾稿』に紹介されています。それを参考に、脚の短いものからみていきます。

まず、全く脚のない「折敷」です。神前にお供えをするときなどに使われ、お膳の基本となる形式です。

次は、「胡桃脚膳」です。脚がほとんど見えませんが、裏を返すと胡桃の殻が脚の代わりに貼り付けてあります。胡桃の殻の半分、二つに割れますのでその片方を貼り付けています。胡桃脚膳は、庶民の間でかなり一般的に使われていたようです。一個の上下を切って脚にした物もみつけました。

上左：折敷
上中：胡桃脚膳
上右：同裏
下左右：木具膳

その次は、二枚の板状の脚がついたお膳。高いものと低いものがあります。高いものは、木具膳と呼ばれています。木具膳は、一番普通に本膳に使われた形式です。板の脚に四角、丸などの穴が開いています。低いものは、通常本膳の脇に置かれる二の膳に使われます。

二の膳用のものと同じくらいの高さのお膳に、猫脚膳があります。四隅から45度方向に曲線的な脚がついています。その脚が猫の脚のような形をしているので、猫脚膳の名がついたのでしょう。

次は、宗和膳です。金森宗和が創案したという説があります。四隅に丸みがあり、四隅がそのまま下に伸びて脚になります。客用や行事の時に使いますので、木具膳より格式が高いようです。宗和膳にも通常のものより高いものがあります。真宗のお斎に使ったものが手元にあり、その中に１客普通のものの倍くらいの高さのあるものがあります。これは、御院様（坊さん）用です。

上左：宗和膳
上右：宗和膳
下左：蝶脚膳
下右：懸盤

　さらに、蝶脚膳があります。江戸時代の末の絵の中では、女性が使っていることが多いお膳です。

　最も格式の高いのが、懸盤です。本来は、殿様のような身分の高い人が使うお膳です。ミニチュア版の、かなり小さい物がありますが、これは仏飯用です。仏前に備えるということから、格式が高いことがわかります。旧家では大きな仏壇に、毎朝供えていたのです。

　これまで挙げた食器を載せるためのものとちょっと違った姿をしているのが、箱膳です。箱膳はその名のように、かぶる蓋のある箱です。蓋をひっくり返して、本体の上に載せると、脚が箱になったお膳になります。箱膳は通常一人一人使うお膳が決まっていて、その箱の中に、使う人が、箸、茶碗など自分の食器を納めます。蓋の表にはひっくり返して箱の上に載せたときにずれないように工夫がしてあります。下が引き出しになっている箱膳もあります。その場合には、低い脚がついているものもあります。他の種類のお膳はみな一人用

ですが、箱膳には相対して使う二人用の長方形のものがあります。夫婦用でしょうか。その中には、蓋をひっくり返した状態で固定したものもあります。

　形だけでなく、塗りにも違いがあります。透き漆で、木目が見える塗り方があります。一般的には春慶塗といわれます。この塗り方は庶民用で、折敷、胡桃脚膳、木具膳にあります。箱膳の場合は、弁柄で着色してから塗ることが多く、こげ茶色になります。どの形式にも、黒く漆を塗ったものがあります。朱色の漆塗りもあります。外が黒くて内が朱塗のものもあります。縁に金を施し

上左：箱膳
（『守貞謾稿』より）
上右：箱膳
中左：箱膳
中右：箱膳
下左：蒔絵のある膳
下右：家紋がついた膳

たものもあります。塗りのお膳には、家紋がつくときもあります。蒔絵等で装飾をつける場合もあります。

　お膳には以上のような多くの形式があり、身分の序列、儀式等の公的な場合と私的な場合の別などによって使い分けられていました。

　それでは、次に食卓をみることにします。食卓はいつから家庭で使われるよ

うになったのでしょうか。江戸時代に卓袱料理に使われていたことから、座って何人かが囲んで食べる形式の食卓は、江戸時代に中国大陸からもたらされたのかもしれません。しかし、この食卓を使う食事形式は、卓袱料理の場合に使われただけで、江戸時代の間に普及した形跡はありません。しかし、その食卓が、明治に入って急速に日本の家庭に普及していきます。

　この急速に普及した食卓には、二つの形式があります。その一つは甲板や脚に中国的な模様があるものです。江戸時代の『江戸流行料理通大全　乾』に描かれた卓袱料理の食卓はこの形式で、明治前後のこの形式の例では、今のところ脚が折りたためるものはみつかりません。

　もう一つは、甲板に模様がない、簡素なものです。甲板に模様がない形式では、脚の形に正方形断面で上下同じ太さのものと、下のほうがやや太くなる撥形のもの、円形断面の棒に竹の節をかたどった装飾をつけた引き物のものがあり、主ですが、中には洋風の階段の手すり子などにみられるような西洋風のぐりぐりをつけたものがあり、これらの脚はいずれも折りたたむことができます。

　この脚を折るというアイディアは、同じアイディアで脚が折りたためる木具膳や木具膳と似た形の引き出物の台にもみられるので、註26 食卓の場合が始めであるかどうかもわからないのです。

　日常的に使われるものは、誰かが発明したといえるかどうかすらわかりませんし、いつからかを示す資料がみつかる可能性もほとんどありません。

　この食卓の名称は、現在は「ちゃぶだい」で通っています。しかし、明治から昭和の敗戦前までの期間に、使っていた家庭では必ずしも「ちゃぶだい」と呼んでいたわけではありません。名称を意識しないことがよくあります。私の家では、脚のたためない唐木の中国的な模様のある食卓でしたが、改めてこの食卓を何と呼んでいたかと聞かれると、思い出せません。日常的に使っているものの場合、名前を呼ばずにコミュニケーションが成り立ちます。強いて言えば、母が食事の前後に「だい布巾」で「おだい」を拭くようにといっていたように記憶していますので、台だったのでしょう。

　明治期の小説には、しばしば食卓が出てきます。明治期には、小説も新聞も漢字に振り仮名が振ってあって「ちゃぶだい」と呼ばれることが多かったことがわかります。しかし、食卓、飯台、机などと書いて、「ちゃぶだい」と仮名を振っています。卓袱台の漢字は、私の知る限りでは、大正に入って使われるよ

『朝の祈り』 林竹治郎　明治39年　北海道立近代美術館蔵

うになります。

　次に、絵に描かれている食卓を探しました。まず、明治39年に林竹治郎が描いた『朝の祈り』という題の油絵です。註27　食事風景ではありませんが、机の周りに家族が集まっています。

　その次は、『吾輩は猫である』の挿絵です。挿絵は、単行本になった下巻に入ったのですから、この絵は明治40年です。

　その次が「一日の楽みはこれ」で、明治42年です。註28

「一日の楽みはこれ」
東京都立中央図書館東京誌料文庫蔵

　この明治42年の「一日の楽みはこれ」は、「午後七時」という題が付いた絵の中の一場面です。これは、夫婦と子供の3人が食卓を囲んで食事をしている光景です。題の「一日の楽み」とは、一日の仕事を終えて、家族で食卓につき、妻のお酌で一杯ということでしょう。特に豊かな家族とはみえませんが、その幸せ感が伝わってきます。

こういう絵では、脚がたためるか、たためないか分からないのですが、少なくとも家族がその周りに集まっていることは間違いありません。二つの例では食事をしています。
　「一日の楽みはこれ」に描かれたこの家では、家族が一つの食卓を囲んで食事をする習慣になっていたと思ってよいでしょう。敗戦前には、家長だけは、夕食前に一杯やりましたから、一品、酒の肴がついていたり、一人先に始めていたりしていました。私の父親もそうでしたが、ある程度飲んだところに我々が一緒になって、家族の普通の食事が始まるという状況でした。食事の場で家族が平等になっていく過程でした。近代化の一つのステップと考えています。

Ⅲ-04　茶の間-家族が集まる部屋　そして茶の間も南向きを志向する

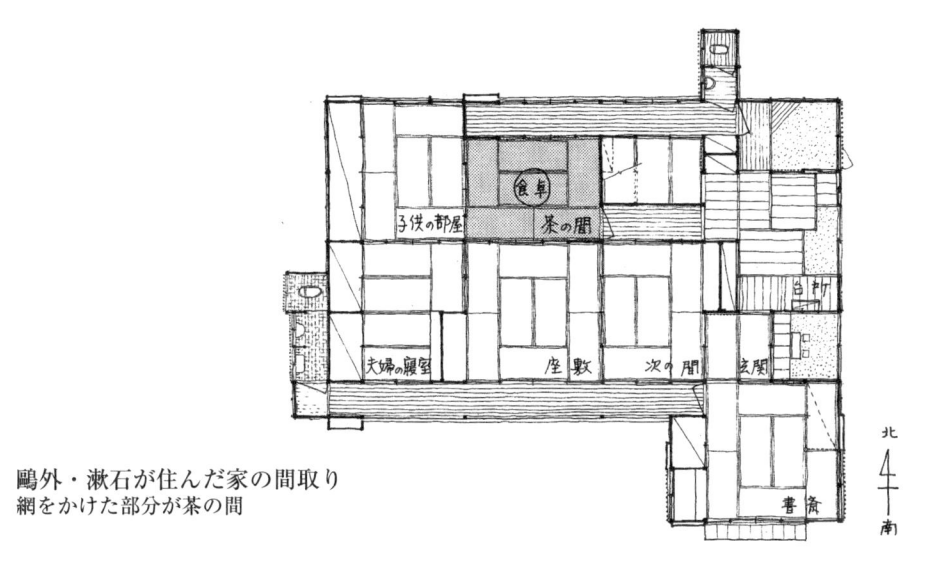

鷗外・漱石が住んだ家の間取り
網をかけた部分が茶の間

　『吾輩は猫である』から、茶の間での食事の光景の幾つかを拾い出しました。やがて頭を分け終って、西洋手拭を肩へかけて、茶の間へ出御になると、超然として長火鉢の横に座を占めた。－略－長火鉢の傍に陣取って、食卓を前に控えたる主人の三面には、先刻雑巾で顔を洗った坊ばと、御茶の味噌の学校へ行くとん子と、御白粉罎に指を突き込んだすん子が、既に勢揃をして朝飯を食っている。P.384-85

　このほかに、茶の間と明記されていませんが、次のような光景があります。二人の小供が馬鹿に早くから眼を覚まして、まだ主人夫婦の寝ている間に対い合うて食卓に着いた。P.31

　家族が茶の間に集まって、食卓を使って食事をする光景は、江戸時代の武家住宅にはありませんでした。商家では、台所の隣の部屋、あるいは台所の板の間で、集まって食事をしたという話を聞くことがあります。そこでは、それぞれ木具膳などの銘々の膳を使ったり、自分の箱膳を使って食事をしていました。集まったといっても、その家の主人までそこで一緒に食べたという家は、どうもなさそうです。そういう様なことから考えると、茶の間ができて、そこで、家族が一緒になって食事をする習慣は、江戸時代にはなかったと考えてもよいでしょう。

　その集まって食事をする部屋が茶の間ですが、茶の間という部屋名は、近代

— 65 —

にならなくては出てこないわけではありません。江戸時代の宝暦9年(1759)に、弘前の武家屋敷を記録した『御家中屋鋪建家図』に、茶の間という名称の部屋が存在する平面がいくつもみられます。その茶の間は、台所に接する部屋であることが多いので、表向きの部屋ではないと判断できます。茶の間のない家では、同じ位置の部屋に「下居」あるいは「居間」と記入されていることから、茶の間と下居あるいは居間は同じような性格の部屋であったと考えることができます。ここが、通常家人たちの生活の場であったと考えていいでしょう。

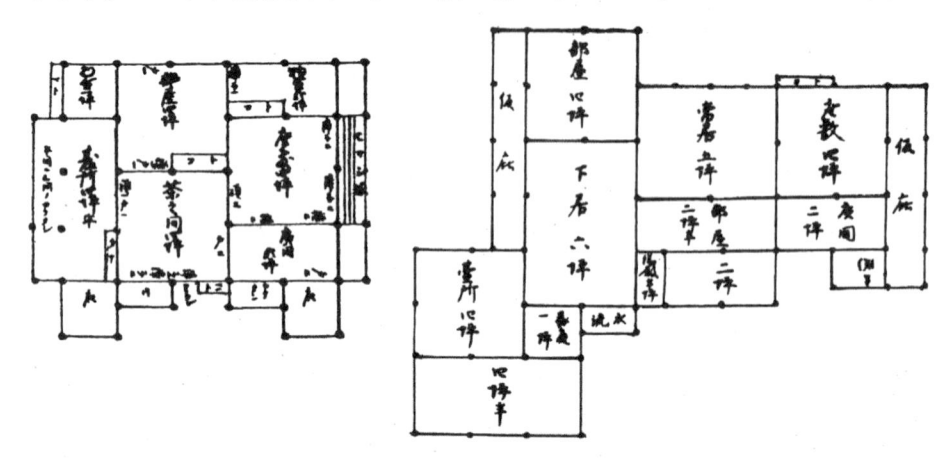

左：茶の間のある家、右：下居のある家『御家中屋鋪建家図』より

　明治になってから出版された辞書・事典に、茶の間がどのように定義されているかみたところ、調べた中では、

　　『漢英対照いろは辞典』（明治21年［1888］5月刊）
　　　　「茶間、茶室；又めしくひどころ　Dining room.」

が茶の間を取り上げて定義している一番早い例です。しかし、ここでは茶室が先に出てきます。これに続くのが

　　『日本辞書言海』（編者・発行者大槻文彦）（明治22年5月刊行開始）
　　　　「人家ニ、家族ノ食事ナドスル室。」

で、より適切な解説になっています。特に意味を持たせて加えられたかはわかりませんが、「ナド」と食事に限定していません。辞書ですから、食事のほかにも使われるということを著者は意識していたのでしょう。

　一方、本格的な百科事典は出版が昭和になりますが、次のような記述がみられます。

　　『大百科事典』（昭和6年刊）（平凡社刊）

「日本の住宅に於て家族が日常団欒して生活する室。－略－茶の間は日本住宅に於ける長火鉢中心の座式の居間であつて、昔風の農家でいへば台所の炉を中心とした部分に当る。茶の間は家族の日常生活の中心をなすところで、食事もここでともにするのが普通である。また親しい来訪者の応接の用にも当てられ、婦人の裁縫や火熨斗掛けなどもされる室である。」

『国民百科大辞典』（昭和9年刊）（冨山房刊）
「我国在来ノ住宅ニ於テ、家族ノ日常集リ生活シ、食事ヲナス室。主婦ハ主トシテコノ室ニ居リ、常時火鉢ヲオイテ湯ヲ備ヘル。其職能ハ西洋ノリヴィング・ルーム（living-room）トダイニング・ルーム（dining-room）トヲ兼ネタ室ト考ヘレバヨイ。マタ茶座敷ナドモイフ。（佐藤（功））」

明治の辞典では、食事をする部屋、家族の食事をする部屋という表現でしたが、昭和になって本格的な百科事典が出版されるようになると、家族が団欒して生活する部屋、長火鉢を中心とする居間、主婦の居間との認識が明確になります。特に、『国民百科大辞典』の担当者佐藤（功）は、当時すでに名をなしていた建築家であることが注目されます。

この昭和の百科事典にみられる、家族が食事をする部屋以外の茶の間の定義にかかわる記述を、『吾輩は猫である』から求めると、

細君は喧嘩を後日に譲って、倉皇針箱と袖なしを抱えて茶の間へ逃げ込む。（縁側にいて主人と口論中に玄関に鈴木君が来た。）P.147

細君は茶の間へ引き下がって針箱の前へ坐る。P.187

「おやまた御客様だ」と細君は茶の間へ引き下がる。（座敷で寒月君らの話を聞いていて）P.235

茶の間では細君がくすくす笑いながら、京焼の安茶碗に番茶を浪々と注いで、ノンナセニーの糸捌の上へ載せて、「雪江さん、憚りさま、これを出して来て下さい。」P.427-28

「叔母さん今日は」と茶の間へつかつか這入って来て、針箱の横へ尻を卸した。（勝手口から入って来た姪の雪江）P.390

椽側の方から、雪江さんの話し声をききつけて、三人の子供がどたばた茶の間へ乱入して来た。P.395

主人は悠然と茶の間へ這入って来る。「やあ、来たね」と雪江さんに挨拶しながら、例の有名なる長火鉢の傍へ、ぽかりと手に携えた徳利ようのものを抛り

出した。P.406

最前細君と喧嘩をして一反書斎へ引き上げた主人は、多々良君の声を聞きつけて、のそのそ茶の間へ出てくる。P.193

　以上のように、昭和の百科事典に記されている茶の間の機能は、苦沙弥先生の家の茶の間に、すでに全て備えていたことになります。

　『吾輩は猫である』の描写をもとに主婦の居場所を探すと、主人がいなくなって、客もいない、子供と主婦だけが残っている時間では、座敷とか、座敷の縁側へ出てきて日の当たる所で裁縫をしたり、洗い髪を乾かしています。しかし誰か来ると、茶の間に逃げ込みます。『吾輩は猫である』の中では、茶の間が主婦の城です。ただ、漱石夫人は、回顧している文章の中で、私の居間は座敷の後にある6畳でした、と言っています。註29 この座敷の後の6畳は、寝室としている南向きの5畳余の部屋です。同じ本の中で茶の間は「茶の間」と言っていますから、夏目夫人の居間は茶の間ではなくて、床の間の裏の6畳（寝室）だったのかもしれません。しかし、『吾輩は猫である』の中では、その部屋での主婦の行動に関する描写は全く出てきません。何か仕事をしている、針仕事をしていたり、客にお茶を淹れているのは、茶の間ですから、現実と違って『吾輩は猫である』の中での主婦の居るところは座敷の北側の6畳の茶の間ということになります。どちらが実態かを確かめることはできませんが、座敷の後ろにある6畳を茶の間と考えたほうが『吾輩は猫である』の記述にあってきます。

　苦沙弥先生の家の茶の間が持っていた機能は、近代の家族の認識に重なるものです。このような茶の間、あるいは居間は、建築関係者の注目するところとなりました。

　『吾輩は猫である』が書かれた明治38年よりさかのぼった明治36年に、東京工業大学の前身である東京高等工業学校に建築科を創設して、その教授を務めた滋賀重列は、特に茶の間に限定していませんが、中流住宅に対する考え方として次のように述べています。註30

> 「家は主人一人のみのものにあらず。夫婦共同して立つ可きものなり、主人は外に在て仕事をするものなれば、家にあること稀れにして、主婦は之れに反して家に居ること多く、従て之が便利を計るは、最も至当の事にして、余は住家の研究に於ては、此辺に最も重きを置かんと欲するなり、これを簡単に言へば、主婦の仕事を軽くし、身体を害すること最も少くして、容易に事を運ばしむることを計ら

> ざる可からず、－略－食後は家族一室に会し、冬なれば主人は火を擁して雑談に時の移るを忘れ、夏なれば椽側（ママ）に出でゝ涼を納る。主婦は針仕事に手を取らるゝを義務の如くに心得、傍ら主人子供等の談に耳を傾けつゝあるなり、子供等寝に就き、茲に始めて主婦は一日の仕事を終るの思ひをなす。－略－而して住家の便不便は、家人殊に主婦の衛生、愉快、経済等に大関係を有することは、一々事実を挙げて詳説せずとも自ら明かならん。」

滋賀重列がこのように書いたのは、建築学を学ぶためにイリノイ工科大学に留学した経験によると考えると、『吾輩は猫である』の苦沙弥先生の家の茶の間も、漱石のイギリス留学の結果ということになるのかもしれません。

大正9年に、その後関東大地震の後東京の復興にあたった、東京帝国大学建築学科教授佐野利器は、「茶の間と客間に就て」註31の中で、次のように言っています。

> 「間取りに就いて、殊に－略－茶の間は家庭の中心となるべき室である、それ故に茶の間を出来るだけ大きくし、且つ最もよく設備し、そして一家団欒の間であらしめたい。－略－住居と云へば即ち茶の間といふやうな考へにしたい。」

そして、茶の間の使い方について、

1. 一家こぞって食事をする、
2. 茶を飲む、談話をする、
3. 主婦は裁縫をする、
4. 主人は新聞を読む、
5. あまり隔ての無い客を通し、客と食事もする

を挙げています。さらに、「そして家庭を此処（茶の間）に集中せしめなければならない。－略－かくの如き大茶の間、即ち真の家庭室は衛生的で、最も日当りがよく、そして庭の最もよい部分に面せしめる。」と述べています。

このような明治から大正期の建築家の意見を読むと、苦沙弥先生の家の茶の間の姿は、近代的な住生活の理想を先取りした姿であったということになります。これは、そのまま漱石の家庭生活に対する認識であったということです。

明治の終わり近くになると、東京ではそれまでの借家の傾向から、持ち家の志向が高まってきたことを反映して、住宅を建てようとする人々に対して、解説つきで間取りを紹介する啓蒙的な記事が新聞紙上に現れます。その中の東京朝日新聞に明治43年から44年にかけて連載された「時代の家屋　古宇田実選」

の「十（明治43年12月13日）」には、「茶の間の北向き－略－の欠点あれども」
と解説されているものがあり、この頃既に北向きの茶の間は、その住宅の欠点
であると考えられるようになっていたことがわかります。註32

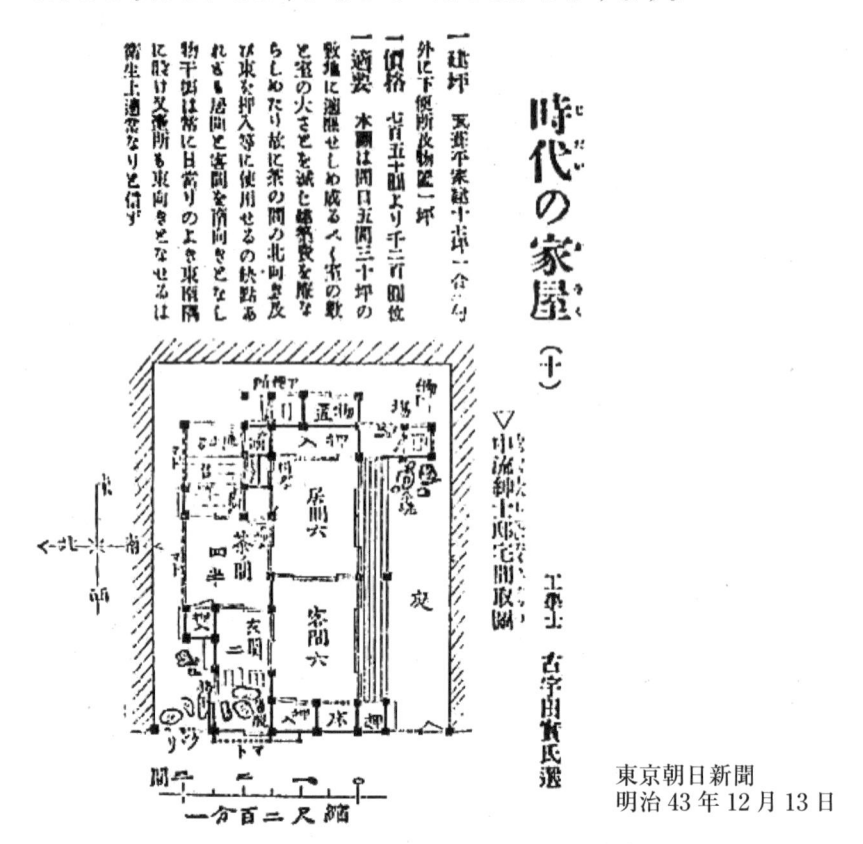

東京朝日新聞
明治43年12月13日

　さらに、座敷の場合と同様に、住宅を建てる人への平面図集『日本住宅建築
図案百種全』（金子清吉、大正2年1913初版 大正6年版）に収録されている平面
図の内の、鷗外・漱石が住んだ家の坪数38坪ほど（書斎を除くと35坪ほど）と
同じ位の坪数の家として、30坪から40坪までの平屋の図案で、茶の間がどの
ように扱われているかを調べました。

　座敷の場合と同様に、13例を玄関の向きで分類したのが次表です。

　　　　　　［ゴシック体は『図案百種』の図番号、（ ）内は坪数、茶の間の向き］
玄関北向き　　　**39**（32.75）南、　**40**（32.87）東、　**43**（33.75）外に面していない
玄関東向き　　　**38**（32.17）南、　**58**（39.36）南、　**60**（40）西
玄関南向き　　　**44**（34）北、　**45**（34.25）北
玄関南西向き　　**37**（31.89）北東、　**49**（36）北西

玄関西向き

玄関北西向き　36（31.3）北西、　52（37.75）東南、　59（39.85）南西

　　　　　　　　　　　　　　　計　例数13．南向きの茶の間5

　この資料では、13例中茶の間が南を向いている例は5例で、茶の間が南を向いている例数がまだ全例数の半分に達していないことがわかります。座敷が南を向いている例が10例でしたから、まだまだ「住宅といえば即ち茶の間」とはなっていなかったことがわかります。

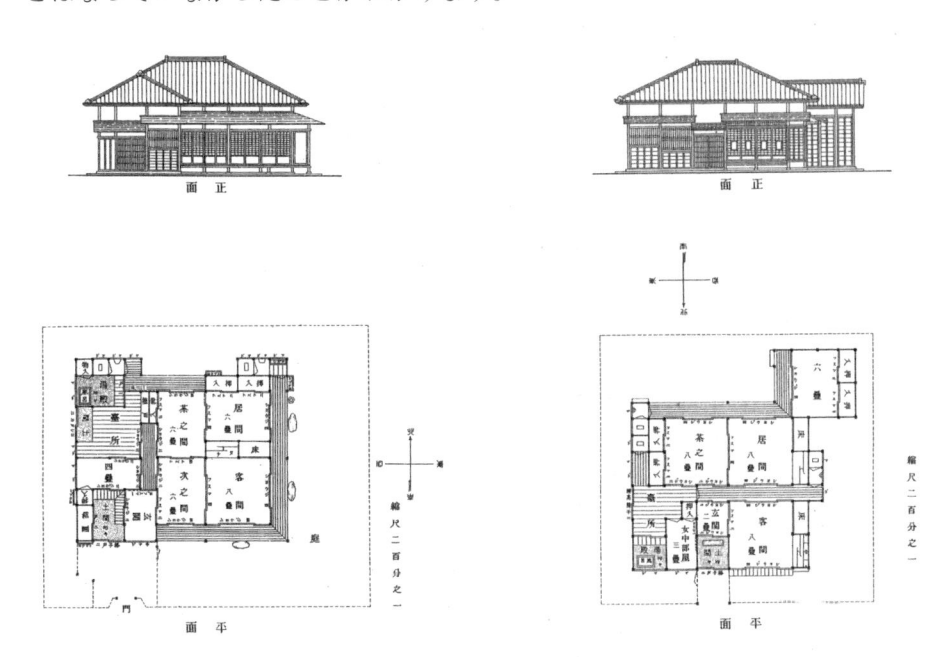

『日本建築図案百種全』第45図（左）と第39図（右）

　さらにその後の何種類もの平面図集を調べたところ、大正年間の終わり頃には南向きの茶の間が半分くらいを占めるようになり、昭和5年前後には南向きが大半を占めるようになる上に、茶の間が間取りの中心部に造られるようになる傾向が認められました。註33

　実際に東京の先進的な住宅地に建った住宅について調べたことがあります。東京の西南部に位置する目黒区洗足で、茶の間での生活についての調査をしました。ここには大正11年（1922）に渋沢栄一によって郊外住宅地洗足村が開かれました。その中で、敗戦前に建った住宅について間取りを採取するとともに、茶の間での生活についての聞き取り調査をしました。調査したのは昭和54年（1979）の秋で、対象としたのは大正年間に建った家10例、昭和元〜10

茶の間の位置の変遷

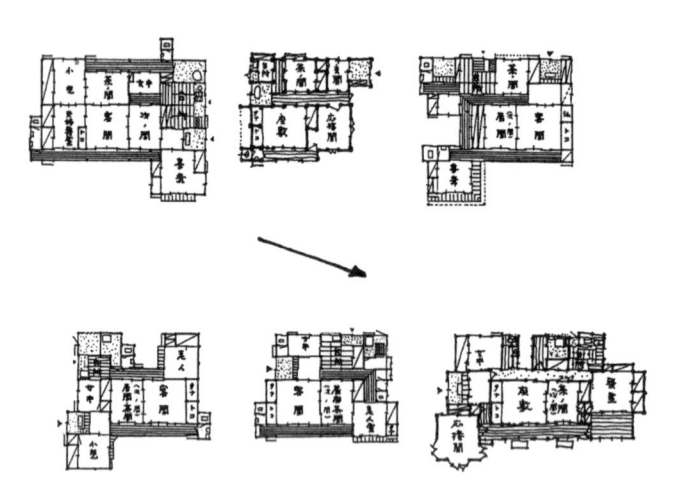

年に建った家13例、11〜20年に建った家6例の29例です。

採取した平面図では、大正の関東大地震以前に建てられた家では茶の間は基本的に北向きでしたが、その後昭和4、5年までに建てられた家では東向きや

昭和3年に洗足村にできた家

東南角に設けられることが多くなり、昭和5年以降はほとんどが南向きになるという傾向を示しました。註34

昭和3年に洗足村にできた家の食卓のある茶の間

このように、茶の間にも座敷に続いて、南向きを志向する傾向があるのですが、「猫の家」では茶の間は出現していても北向きの部屋で、まだ南向きへの変化の兆しすらみせていない状況ということになります。

Ⅲ－05　夫婦の寝室・子供の寝室

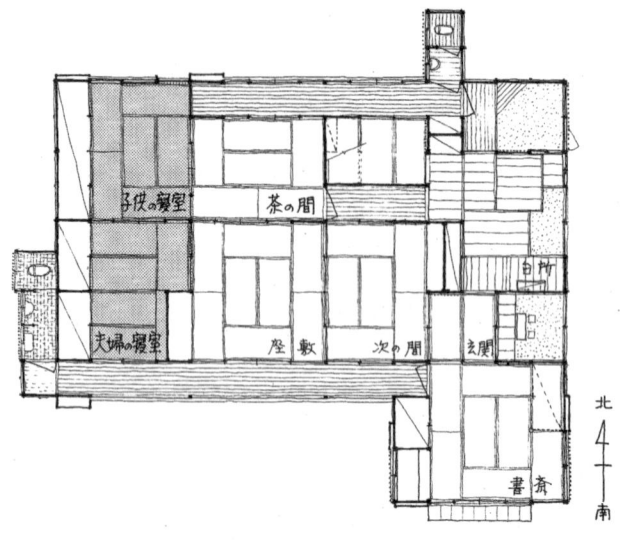

鴎外・漱石が住んだ家の間取り　網をかけた部分が寝室

始めに、寝かたに関する文章を引用します。

小供は六畳の間へ枕をならべて寝る。一間半の襖を隔てて南向の室には細君が数え年三つになる、めん子さんと添乳して横になる。－略－ふと眼を開いて見ると主人はいつの間にか書斎から寝室へ来て細君の隣に延べてある布団の中にいつの間にか潜り込んでいる。P.171-72

陰士はしばらく椽側に立ったまま室内の動静をうかがっていたが、主人夫婦の熟睡しているのを見済してまた片足を畳の上に入れる。－略－やがて残る片足も踏み込む。一穂の春燈で豊かに照らされていた六畳の間は、陰士の影に鋭どく二分せられて P.181

「それでは、ここから這入って寝室の方へ廻ったんですな。あなた方は睡眠中で一向気がつかなかったのですな」「ええ」と主人は少し極りがわるそうである。P.183

これらの描写と平面図との関係から、座敷の床の間の後にある６畳（実は、床の間がこの部屋にとび出しているので、畳は５畳しか敷けません。）が夫婦の寝室、その北の６畳が子供たちの寝室であることがわかります。子供たちの寝室である６畳は、さらに次の記述があるので、子供たちの専用の部屋だったと考えられます。

小供は奥座敷で「何と仰しゃる兎さん」を歌っている。P.38

苦沙弥先生の家族が、どの部屋を使って寝ていたのかが、以上の描写から明らかです。鷗外・漱石が住んだ家の座敷の裏の南向きの6畳の部屋、6畳といっても、床の間が後ろの6畳の部屋に飛び出していますから、その分、間口1間、奥行き半間の3分の2くらい狭くなり、残りの3分の1が板敷きになっています。6畳よりちょっと狭いこの部屋が、主人夫婦の寝室です。この6畳には、主人夫婦と3歳の子供。3歳になったといっても数え年ですから、最も小さくて生まれて1年ちょっと、最大丸3年近くということになりますが。3歳の末っ子が、そこで、一緒に寝ています。どちらを枕にして寝ていたかまでは、『吾輩は猫である』の描写からはわかりません。余計な推測ですが、北枕は嫌われたでしょうから、そのほかの向きを考えると、南枕・東枕あるいは西枕になります。東枕・西枕ではこの部屋の東西の巾が床の間の裏で1間ちょっとしかないので、枕元に送ってきたまま木箱に入った山芋を置くスペースがありません。そうすると南枕として、縁側の方を頭にして寝るのが自然かもしれません。

　上の2人の子供は、その北側にある6畳で寝ています。女中は女中部屋ですから、これは別です。

　明治の終わりころから出版されるようになる住宅図集や啓蒙書に掲載された伝統的な様式の住宅には、いずれも夫婦の寝室としてつくられたと考えられる部屋を見いだすことはできません。

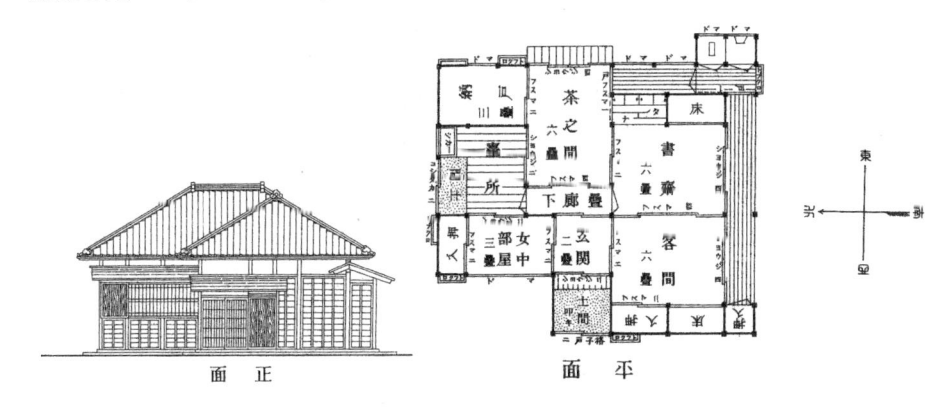

『日本建築図案百種全』第18図

　大正2年に出版された『日本住宅建築図案百種全』では、100ある図のそれぞれに、どのような階層の人の、何人くらいの家族に適する家か、そして間取りの特色と部屋の使い方の説明をつけ、合わせて程度の違う3種類の建築費用

概算がついています。

　掲出した第18図の解説をみると、学校教師か著述家向きで、そのために書斎と客間を南向きにしたこと、納戸を子供寝室等にするのもいいと書いています。そのほかの「猫の家」程度の規模の家は、ほとんど中流以下の官吏または会社員等の勤め人向きで、家族は子供や女中を含め4・5人に適するとあります。図の中に客間という部屋名がなくても、解説で客間に充てる部屋を意識していない例はありません。多くは居間を客間と兼用すると述べています。茶の間は、客間・居間より狭く、北向きや東向きで、南向きはそれほど多くありません。寝室の文字は、掲出の図の解説以外みられません。

　ヨーロッパでは、第一次世界大戦後の復興に際して、様々な制約の下に多くの集合住宅が建築家の設計で建てられました。建築家たちは、最小限の住宅において確保しなければならない条件についての情報を交換しあっています。それまで建築家は、上層階級の住宅を注文により設計するだけで、不特定の居住者のための住宅、それも一般大衆のための住宅を大量につくるために設計することはありませんでした。

　日本でも、大正に入って、都市における住宅の中に、集合住宅がみられるようになります。また、第一次世界大戦後の平和博覧会に中流都市住宅の実物展示が行われ、特定の住み手を対象としたのではない具体的な住宅が建設され展示されました。大正12年（1923）におきた関東大地震の復興に、その動きが促進されます。復興住宅を建設するために同潤会が設けられ、戦争に入る頃住宅営団となり、工具住宅などの大量建設にあたりました。そのような中で、昭和になって、その基礎となる調査研究をすすめた人物の一人が西山夘三[註35]です。

　不特定の住み手を対象にした住宅を研究するようになって、一般の人々の生活、特に多くの人々の生活を調査する必要が生じました。また、調査結果を類型化するにあたって、その指標を設定する必要があり、そのような調査研究の中から特質がみつけだされました。西山夘三が一貫してとってきた住宅の調査研究の成果として、食寝分離論や分離就寝の提案などが生まれました。

　食寝分離論は、中程度の住宅の場合だけでなく、小住宅においても、一部屋に多くの人々が寝るという過密就寝がおこっても、食事をする部屋には寝ない場合が多いという調査結果から導き出されています。実態を捉え住宅のあるべ

き姿を求めていたのです。小規模な住宅を計画する時にも、畳敷きの部屋すべてで寝ることを想定するのではなく、狭くとも食事のための部屋をもうけることが、実際の生活に適応するということになるでしょう。

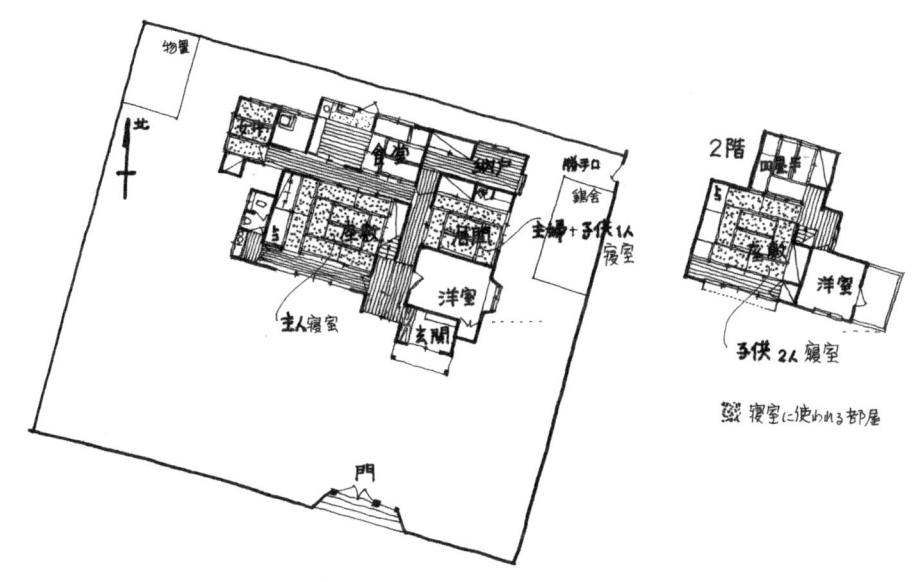

西山夘三の昭和10年頃の調査例（豊中）
（西山夘三『日本のすまい Ⅱ』1976　勁草書房　図163により作図）

　もう一つの分離就寝は、就寝状況を調査した実態から生まれたのではありません。調査では、夫婦が自分たちの寝室を確立している例はなかったのではないでしょうか。主人が、座敷で一人で寝ている例があります。女親は女の子と寝ています。男の子は老人と一緒だったり男の子同士と寝ていたり、というのが調査から読み取れます。性別による部屋分けはできていたとのことです。このような寝方が普通だったのに対して、西山夘三は、夫婦、子供、老人の分離就寝を推進すべきであるとする改良論をとなえています。註36

　改めて「猫の家」の実態をみると、茶の間は家族が集まり食事などする専用の部屋とし、床の間の裏の南側の6畳を夫婦の寝室に充てていて、夫婦が寝室を確立しています。そして、幼い子は別として、その他2人の子供たちを、北側の6畳に寝かせています。その部屋が子供の部屋と認識されていたようです。このような生活の形態は、その後の研究からみると、理想的といえるのではないでしょうか。

Ⅲ－06 「猫の家」の近代的性格

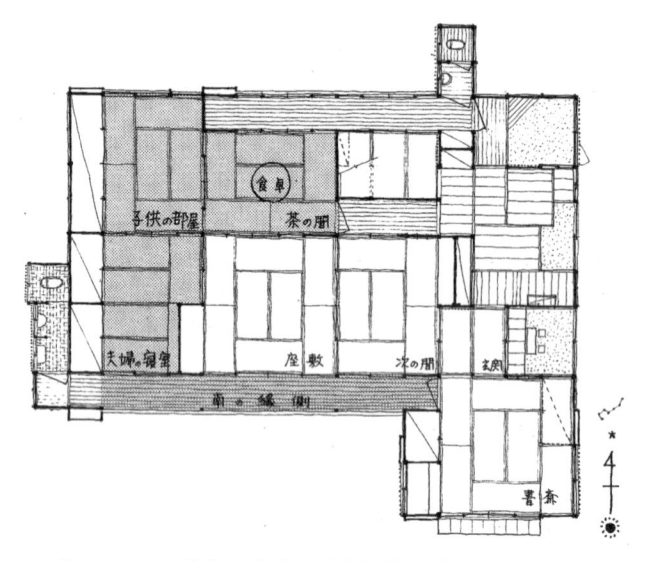

鷗外・漱石が住んだ家の間取り　網をかけた部分がⅢで扱ったところ

「Ⅲ－01 「猫の家」の近代的なところ」で、「猫の家」の近代的なところについて注目した点を挙げました。

まず、江戸時代前半の道路に面して表に座敷を配する極めて封建的なつくりの玄関、次の間、座敷の系列にも、南向きを指向する傾向がみられました。座敷を南面させる傾向は18世紀の初め頃はほとんどなく、100％道路との関係を基本とした封建的な配置の原則をみせていたのではないかと推測でき、時代とともに南面するように変化していったとみていいでしょう。

「猫の家」では座敷と次の間の南側に縁側があり、日当たりのよい南面する座敷です。日当たりのよい南面する座敷は、18世紀半ば頃からの快適な生活を求めての変化と考えられる新しい傾向ですが、座敷が江戸時代から明治期に及んでも主人の居間として使われていたことを考えれば、その生活の快適さを求めての変化だったとみることができるでしょう。この変化を主人が使う部屋から始まった近代化の最初の変化と捉えてもいいのではないかと思っています。ただ、主人の居間だけが快適になり、家族は相変わらず日当たりの恩恵には浴さなかったという点ではまだ封建的ではありますが。

「猫の家」には、茶の間がありました。この茶の間には食卓がありました。この食卓を囲んで、食事のために家族が茶の間に集まっています。江戸時代は、家族でもそれぞれ食事をする場所が違い、時間的な前後があり、食器を載せる

膳にも種類があり、食事の内容にも差別がありました。その江戸時代の生活様式に対して、近代的な家族関係は、食事の場としての茶の間を生むことになりました。一部屋に家族が集まって一緒に食事をするために茶の間が生まれ、家族全員の食器を並べるために、食卓が生まれました。

　「猫の家」では、茶の間が主婦の根城です。針仕事をしていたり、客にお茶を淹れるなど茶の間が日常主婦の居間になっているところは、封建時代にはなかった、全く新しい生活様式です。苦沙弥先生の家の茶の間が持っていた機能は、近代の家族の認識に重なるものです。

　しかし、「猫の家」の茶の間は北向きです。明治の終わり頃には北向きの茶の間は欠点との意見も出現しています。茶の間にも座敷に続いて、南向きを志向する傾向があるのですが、「猫の家」では茶の間は出現していても、まだ南向きへの変化の兆しをみせていない状況、すなわち近代化の途次にあるということになります。

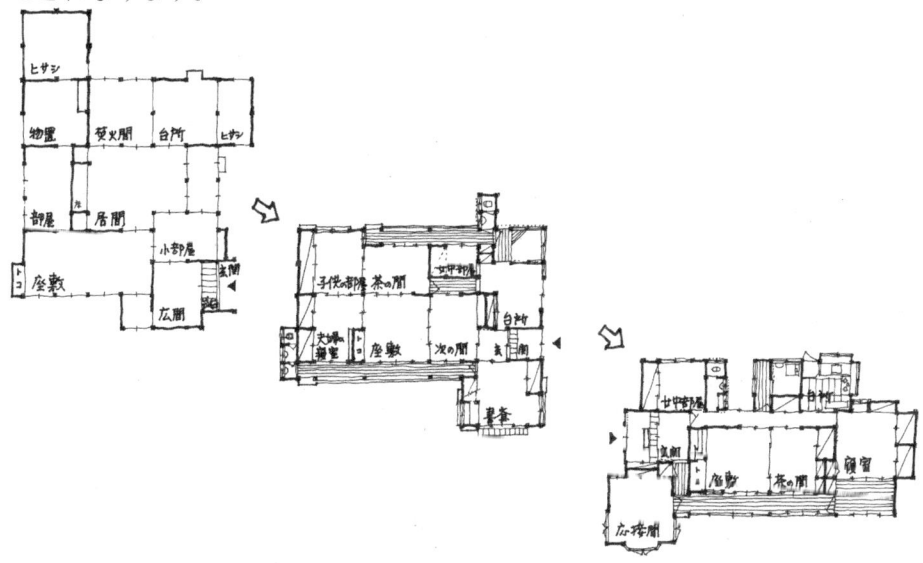

弘前藩士の家（1759）から鷗外・漱石が住んだ家、洗足村に建った家（1928）へ

　「猫の家」では、夫婦の寝室と子供たちの部屋の二部屋の寝室をとっています。封建時代には夫婦の寝室が確立していなかったこと、また、西山夘三の第二次世界大戦前に大阪近辺で行われた住宅の住み方調査で、夫婦の寝室がほとんど独立していないこと、性別による部屋分けは比較的よく行われていても、世代の分離が十分でないこと、和室の場合はどのような目的でつくられた部屋でも寝室に充てることができ、さまざまな部屋が寝室に充てられていたことが

指摘されていることからみて、「猫の家」の生活様式は、理想的といえるでしょう。

付け加えるならば、「猫の家」には台所と茶の間をつなぐ廊下が存在します。この廊下を使うのは、おもに女中です。その後の中廊下の芽生えとみれば、新しい要素です。

Ⅳ　おわりに

Ⅳ　おわりに

そして、漱石は『吾輩は猫である』で何が言いたかったのだろう

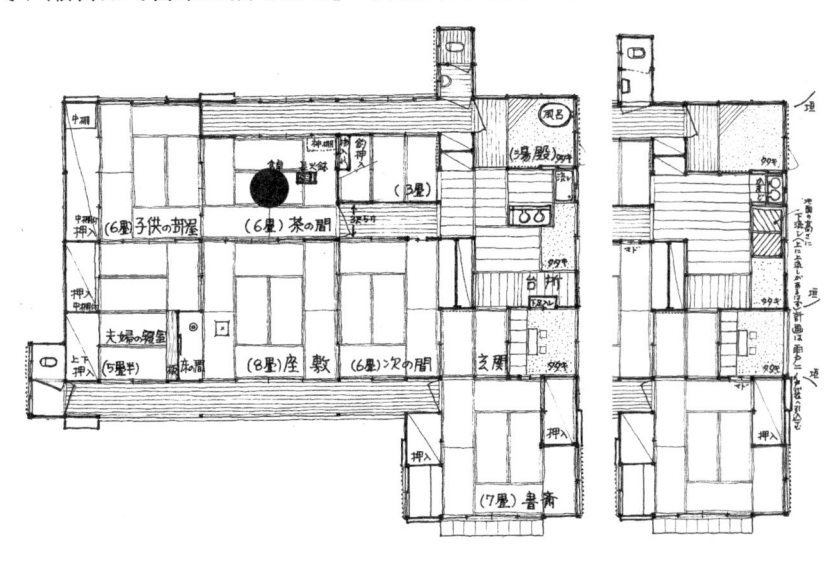

鷗外・漱石が住んだ家の間取り
漱石が住んだ時代の台所　推定（左）と建築当初の台所　推定（右）

　「猫の家」を題材に、住宅と住生活にかかわる封建的な性格と近代的な性格に注目して話を進めてきました。

　「猫の家」のモデルとなった鷗外・漱石が住んだ家は、明治半ばに造られ、全くといっていいほど近代的な様式ではありません。強いてあげれば、玄関の三和土の表にガラスの入った格子戸をたてて、式台の上の上がり框の上の舞良戸を引き違いの障子に変えていること、北の縁側にガラス戸をたてていること、台所や風呂場の入り口などにガラス戸をたてていることなどが近代的な要素ですが、これも漱石が住んでいた頃より後の改造でしょう。

　『吾輩は猫である』はこの家を舞台に展開しているのですが、「猫の家」での珍野苦沙弥先生の生活は、時代を反映して、江戸時代以来の封建的な性格と新しい時代の近代的な性格を併せ持つという、過渡的な様相をみせています。

　間取りで近代的な生活様式に対応している点の一つは、茶の間を設けているところです。この、茶の間にしている部屋は、この部屋から台所への中廊下があるところからみて、間取りが作られたときから、この部屋を茶の間とすることが意図されていたと考えられます。部屋名のない平面図だけが残っていたと

しても、この、座敷の北側の部屋は、茶の間と判断できる部屋です。最初から6畳の広さの茶の間を設けることを計画した間取りなのです。昭和の戦前には食事だけに使う茶の間が、時にはその茶の間が女中部屋兼用ということもあるのですが、3畳の広さしかないことが多いことから考えると、この6畳の部屋は食事だけでなく、家族が集まる部屋、主婦の城としての性格が意図されていた、と考えていいでしょう。

夫婦の寝室と子供の部屋を奥に別々に取ることができたのも、この間取りあってのことです。書斎の存在を含めて、正に苦沙弥先生のために作られた間取りといってもいいくらい、間取りと生活がぴったりとあっています。現実には、漱石にとって理想的な生活ができた間取りだった、といえるのではないでしょうか。

漱石は東京でも、熊本でも、その家のどこが気に入らなかったのか、たびたび引越しをしていますが、この「猫の家」のモデルになった千駄木の家は、子供の赤痢が原因ではありますが水道をひき、当分住むつもりで家主の斎藤阿具に塀を修理してほしいと、明治39年11月7日付けの書簡[註37]で依頼しています。その後12月5日付の書簡では家主の第一高等学校への転任のうわさを聞いたことを伝え、「出来るならば此のうちを以前の如く借りて居りたし」と住みつづけることを希望しています。しかし、家主が帰ってくるのだから出なければならないと覚悟しての12月9日の書簡では、「小生が千駄木に居りたきは失礼ながら今の家が気に入りて他に移るのがいやになつたと申す訳に無之」と強がりを言い、一方では12月13日の書簡をみると、当分住みつづけるつもりで水道を寄附するといったけれど、2,3ヶ月で出なければならなくなった上に、引越先で水道の費用を負担しなければならなくなったので、水道の実費を引き受けてもらえないかと書き送っています。[註38]ともあれ、漱石がこの家に住み続けることにご執心だったのは、この家の間取りが漱石の生活に適合して生活しやすかったからではないでしょうか。

明治から大正期の、そして昭和に入っての建築家の意見を読むと、苦沙弥先生の家の茶の間の姿は、近代的な住生活の理想を先取りした姿であったということになります。このような考えは、昭和に入るとさらに増幅されます。これは、茶の間に限ったことではありません。このような生活観は、そのまま漱石の家庭生活に対する意識であったということになります。

当時夫婦の寝室を造っているのは、洋行帰りの上層階級の洋風住宅くらいでした。漱石が『吾輩は猫である』の中で夫婦の寝室の様子を描写し、子供の部屋を取っている様子を書いていることに、これを読んだ同人たちや読者が、どのような印象をもったのか、どのように反応したかを知りたいと思い、その当時の人々の感想などをできるだけ集めてみたのですが、生活に反応したものは全くみられなかったのです。

　寝室の問題だけでなく、『吾輩は猫である』に描写された苦沙弥先生の生活形態に、それは漱石の意思による生活形態ですが、そのようなことにその後の近代文学の研究者たちは全く関心をもっていないのか、『吾輩は猫である』に関する著書等のなかで、あまりにも沢山の研究があるものですから見落としているのかもしれませんが、触れられることがありません。私のこの疑問には、答えてもらえないのです。

　漱石が自分の生活をモデルに書いた『吾輩は猫である』は、言われるように、文章や話術の面白さと、猫の目を通して見るという題材の面白さ、そして当時の社会への風刺だけが狙いであったのだろうか、という疑問がどうしても私には残るのです。

　漱石は、この『吾輩は猫である』に理想とする家庭の姿を描いているようにみえます。実生活に具現化していた部分も多いようですが、漱石の実生活と苦沙弥先生の生活とのあいだには相違のあることが、家族の思い出などの中に散見されます。

　「猫の家」のモデルとなった鷗外・漱石が住んだ家と『吾輩は猫である』の組み合わせを、住生活史の資料として考察しようと始めた結果、苦沙弥先生の「猫の家」での生活形態が、昭和に入っても、なかなか実現しなかった、建築家たちの理想であったということになったのですが、このことが明らかになればなるほど、苦沙弥先生になぞらえて漱石の家庭生活に対する考えが描かれているとみられる『吾輩は猫である』には、何か別の狙いがあり、漱石はそれを隠しているのではないかという疑問が、今でも、どうしても、消えないのです。

Ⅴ　註

Ⅴ 註

1：取り壊されてゆく明治時代の建築のうち、芸術上、歴史上価値あるものの保存を計るため、旧制第四高等学校同窓生の谷口吉郎博士(博物館明治村初代館長)と 土川元夫氏(元名古屋鉄道株式会社会長)とが語り合い、二人の協力のもとに昭和37年財団法人明治村が創設され、40年3月18日に博物館明治村が愛知県犬山に開村した。鷗外と漱石が住んだ家は開村当初の施設15件の一つである。(博物館明治村公式ホームページより抜粋改稿)

2：夏目漱石「処女作追懐談　時機が来てゐたんだ」(文章世界　明治41年9月号) 51頁
「さて正岡子規君とは元からの友人であつたので、私が倫敦に居る時正岡に下宿で閉口した模様を手紙にかいて送ると、正岡はそれを「ホトヽキス」に載せた。「ホトヽキス」とは元から関係があつたが、それが近因で私が日本に帰つた時（正岡はもう死んで居た）編輯者の虚子から何か書いて呉れないかと嘱まれたので始めて「我輩は猫である」といふのを書いた。所が虚子がそれを読んで、これは不可ませんと云ふ。訳を聞いて見ると段々ある。今は丸で忘れて仕舞つたが、兎に角尤もだと思つて書き直した。今度は虚子が大いに賞めてそれを「ホトヽギス」に載せたが、実はそれ一回きりのつもりだつたのだ。ところが虚子が面白いから続きを書けといふので、だん〴〵書いて居るうちにあんなに長くなつて了つた。」

高浜虚子『漱石氏と私』(アルス　1918、引用は『近代作家研究叢書16　漱石氏と私』　日本図書センター　復刻版　1990 に拠る) 84-87頁
「此頃われ等仲間の文章熱は非常に盛んであつた。殆ど毎月のやうに集会して文章会を開いてゐた。それは子規居士生前からあつた会で、「文章には山がなくては駄目だ。」といふ子規居士の主張に基いて、われ等はその文章会を山会と呼んでゐた。その山会に出席するものは四方太、鼠骨、碧梧桐、私などが主なものであつた。従来芝居見物などに誘ひ出す度びに一向乗り気にならなかつた漱石氏が、連句や俳体詩には余程油が乗つてゐるらしかつたので、私は或時文章も作つてみてはどうかといふことを勧めてみた。遂に来る十二月の何日に根岸の子規旧廬で山会をやることになつてゐるのだから、それまでに何か書いてみてはどうか、その行きがけにあなたの宅へ立寄るからといふことを約束した。当日、出来て居るかどうかをあやぶみながら私は出掛けて見た。漱石氏は愉快さうな顔をして私を迎へて、一つ出来たからすぐこゝで読んで見て呉れとのことであつた。見ると数十枚の原稿紙に書かれた相当に長い物であつたので私は先づ其分量に驚かされた。それから氏の要求するまゝに私はそれを朗読した。氏はそれを傍らで聞き乍ら自分の作物に深い興味を見出すものゝ如くしば〳〵噴き出して笑つたりなどした。私は今迄山会で見た多くの文章とは全く趣きを異にしたものであつたので少し見当がつき兼ねたけれども、兎に角面白かつたので大に推賞し

た。気のついた欠点は言つて呉れろとのことであつたので、私はところシヽ贅文句と思はるゝものを指摘した。氏は大分不平らしかつたけれども、未だ文章に就いて確かな自信がなく寧ろ私を以つて作文の上には一日の長あるものとして居つたので大概私の指摘したところは抹殺したり、書き改めたりした。中には原稿紙二枚ほどの分量を除いたところもあつた。それは後といはず直ぐ其場で直ほしたので大分時間がとれた。私がその原稿を携へて山会に出たのは大分定刻を過ぎてゐた。」

3：夏目鏡子述　松岡譲筆録『漱石の思ひ出』（岩波書店　1929、引用は2003 第11 刷に拠る）140 頁

4：『硝子戸の中』三十九の内（岩波書店 1915、引用は 1990 第 58 刷改版に拠る）113 頁

5：内田道雄「『道草』大正四年十月　岩波書店刊」『名著復刻 漱石小説文学館　解説』日本近代文学館　1984（引用は 1988　第 2 刷に拠る　89 頁）

6：例えば

坪谷水哉『明治百年東京繁昌紀』「冒険世界」1901 年 4 月増刊号 SF 全特集「世界未来記」掲載、横溝正史『二千六百万年後』「新青年」1941 年 5 月（いずれも横田順彌編『日本 SF 古典集成〔Ⅲ〕』早川書房、1977 所収）、あるいは小松左京『日本沈没』1973 年 3 月光文社をはじめとする一連の未来小説など。

外国では G. オーウェル、新庄哲夫訳『1984 年』。「世界 SF 全集 10」早川書房、1979 所収があげられます。

7：平井聖『日本の近世住宅』SD 選書 30　鹿島出版会　1968

8：博物館明治村『国登録有形文化財（建造物）森鷗外・夏目漱石住宅及び神戸山手西洋人住居保存修理工事報告書』（平成 18 年 3 月刊）によると、書斎の復元には、西面の床の間等と東面の押入れの問題があり、西面の床の間等については、

「②．書斎の間、床違棚、地袋棚を撤去して押入を設け、襖引違建てにし廊下雨戸戸箱（戸袋の誤記）を撤去して形式を旧規に復する。

③．書斎床の間に地袋棚及び中窓を設けて明障子引違建てとし、外部に木格子附き雨戸建て戸箱（戸袋の誤記）を新たに設けて旧に復する。」

とあって、痕跡をもとに復元されたことがわかります。東面に押入れは

「④．書斎の間東北隅に押入を設け襖引違建てにし、書斎の間を旧 7 畳間とし、床巾木及び板張り床を撤去して畳敷の旧に復する。」

と計画されていたのですが、「書斎の間東面の押入は、資料不足のため、また西側便所は使用上の都合で復原しなかった。」とのことです。このとき移築を指導した建築委員会の資料によると、1．押入前面北側の柱に鴨居仕口と鴨居上の貫の仕口痕跡があり、埋木されている。2．東面中央の柱に西に向かう壁の痕跡があった。3．押入前面通りの小屋梁下端に小壁の痕跡と中央の押入前面南側の柱があったことを示す柄穴があるので、書斎の東北隅に押入のあったことが認められ、一旦は復元することに

なっていたのですが、次のような理由で復元されませんでした。
「① 書斎東面三尺の欠き込み（掛け込みの誤記）天井の意匠が優れている。② 小屋梁下端の痕跡によって復原すれば、押入の全面の通り全体に、小壁が降りてくるので室内の意匠を甚だしく替えることになる。③ ②の状況に復原することは、①の特徴を損じ、またこの程度の住宅の室内意匠としては②の例が少ない。文豪の書斎であったことを重視する意味でも、細部の意匠を示す資料を得たとき慎重に復原したい。」

　この書斎については、本文の挿図のように「写真A」と「写真B」が存在します。「写真A」には、西面の床柱、狆潜り、床柱の北側の押入れが写っているだけでなく、東面には、押入れが写っています。「写真B」は書斎の西面に関する情報が多く、床の間の地袋、中窓、その上の明り取りらしい四角形、狆潜り、床柱と鴨居、床柱北の半ばより少し高い位置に敷居のある上段の押入れ、その敷居下の脇床風の空間などが写っています。

　「写真A」の一部、漱石の肖像部分は『漱石全集』第1巻（岩波書店、1918.1.1刊）の口絵として使われていますが、この口絵には明治39年3月と撮影時点が記してあります。「写真A」が最初に使われたのは、「文章世界」（博文館刊）明治40年1月号の口絵です。同じ写真ですので、3月撮影とすれば、床柱に落ちている陽の角度から、午後4時あるいはその少し前頃の時間の撮影とみなされます。「写真B」は、最初に使われたのが明治40年1月号の「ホノホ」（読売新聞社刊）ですから、こちらも引っ越し前の書斎の様子ということになります。この写真は、『漱石全集』第28巻（岩波書店、1999.3.25刊）の口絵に使われた「写真B」と同じものですが、周囲をわずかにトリミングしています。『漱石全集』第28巻（岩波書店、1999.3.25刊）の口絵では、撮影時点について、明治39年秋頃としています。しかし、「写真B」の漱石の服装、本棚の本の状況、机の位置と掛けられているクロスの状況、畳のシミ等多くの部分が全く「写真A」と同じで、机の上の物も水仙を挿した花瓶をどけたほかには、手前に写り込むものをどけたり、筆差しのあたりの様子を少しいじった程度ですので、同じ時に撮影されたのではないかと考えます。特に、3月から9月までの間には、漱石の書簡をみると畳替えにそなえて、書斎の物を移動させるための助っ人を頼んでいる書簡（『漱石全集』第22巻、岩波書店、1996.3.19刊　書簡589、591、592）があり、その中の書簡591（明治39年6月6日）で「拙宅畳替えなり。」、書簡592（同7日）では「来る九日頃愈書斎の畳替を仕るにつき」と書いていますから、この予定が変わらなければ、9月には新しい畳になっていたでしょう。本棚の本も2度の移動の後に、傾きまでもとのままというわけにはいかなかったはずです。撮影した写真機についても、キャビネ判の組立て式とすれば、どちらも焦点距離210ミリのレンズを使っていると判定でき、同じ写真機ということも考えられないことではありません。

　これら「写真A」「写真B」の2枚の写真から、書斎の復元平面図、展開図を描い

たのがここに掲げた図面です。

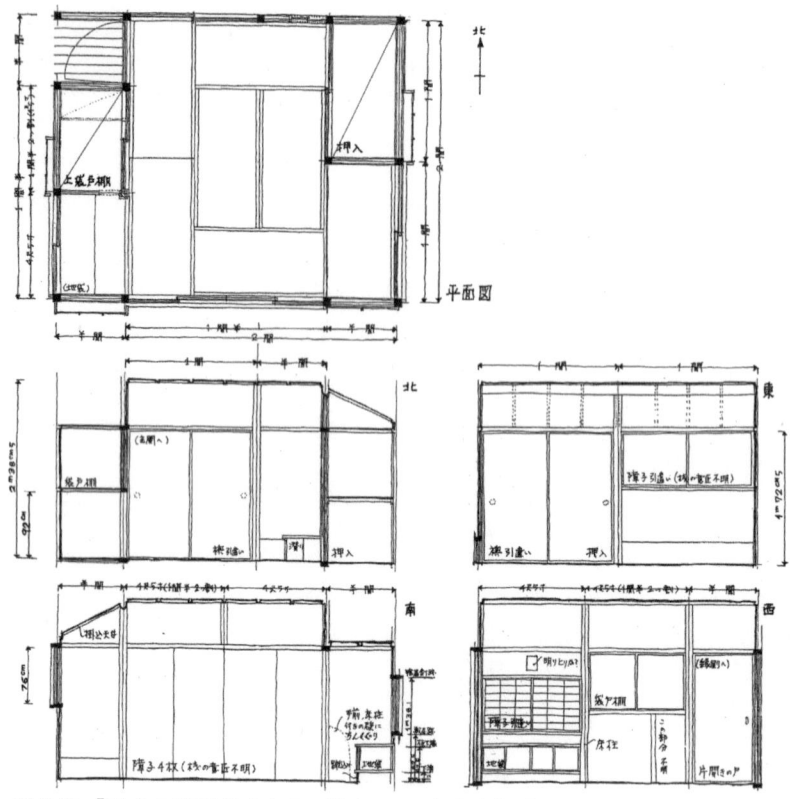

平面図

9：平井聖『日本の近世住宅』SD選書30　鹿島出版会　1968
10：『式台取次送迎一条』金沢市立玉川図書館蔵

　　取り上げている訪問者の内、江戸屋敷では最も身分が高いのが御同席様で、それ以下御鷹匠・御歩定番までの送迎の場合の取次ぎについて定めています。御同席様とは、江戸城内で控えの部屋を共にする御三家と越前守を指します。

11：研究代表者平井聖『幕末期の侍屋敷平面にみられる2つの構成原理間の移行過程に関する研究』（平成5・6年度科学研究費補助金（一般研究C）研究成果報告書（課題番号05650606）平成7年3月
12：弘前市立図書館蔵
13：弘前市立図書館蔵
14：盛岡市中央公民館蔵
15：例えば
　　山本博文『江戸お留守居役の日記　寛永期の萩藩邸』講談社　2003
　　朝日重章、塚本学編注『摘録鸚鵡籠中記　元禄武士の日記　上・下』岩波書店　1995
　　神坂次郎『元禄御畳奉行の日記　尾張藩士の見た浮世』中公新書740　中央公論社　1984
　　磯田道史『武士の家計簿―「加賀藩御算用者」の幕末維新』新潮社　2003

16：大江スミ子『応用家事精義』東京宝文館　1916　269-70頁

　「即ち主人が日々外にでゝ働き、一日の業を終へ、ヤレ〳〵と思ふて帰宅すれば主婦は「おとう様お帰り！」と呼びながら玄関に出でゝ迎へ、之れを客室に請じます、其れが炎暑の時分であれば、団扇で煽ぎ乍ら汗浸しの着物を脱がせ、サッパリした浴衣と着替へさせ、又冬の日であれば部屋も着物も温め置き、ヌク〳〵した着物と着替させます。子供は母の声に応じて走り出で、「おとう様お帰り」と楓葉の様な手をついて、愛らしき挨拶をすると云ふ風に、家庭が其処に団欒して主人を慰めます。主人は家庭のすが〳〵しき心、温き情に触れて、何とも云へない慰安を得で、一日の労苦を忘れませう。斯様な愛情の活劇は客室即ち一家の晴れの座敷と云ふ背景の許でなくてば、相応しないのであります。客室と申しては語弊があるかも知れませんが、一家の内には斯の如き聖別された座敷のあるのが、児女の躾の為めにも必要でありませう。其他所謂客室が平素色々に用ひられて居ることは此数例には限りません。」

17：千葉県立美術館蔵（56頁に掲載）

18：例えば、
　　浜口ミホ『日本住宅の封建制』相模書房　1949

19：無題の上田藩の藩士住居の定式　平井聖蔵

20：金子清吉『日本住宅建築図案百種全』建築書院　1913（1917　第9版に拠る）

21：喜多川守貞『守貞謾稿』　天保年間からの書き留めを、嘉永に入って整理し、体裁をととのえたと考えられます。

22：寺島良安『和漢三才図会』1712（正徳2年）

23：八百善主人著『江戸流行料理通大全』乾・坤、4編、明治21年、発行人目黒十郎。初編、魚類精進江戸卓袱料理四季附込　の項

　　明和8年須原屋刊『卓袱偕成趣向帳　全』の「卓袱器物乃図」の、卓と椅子

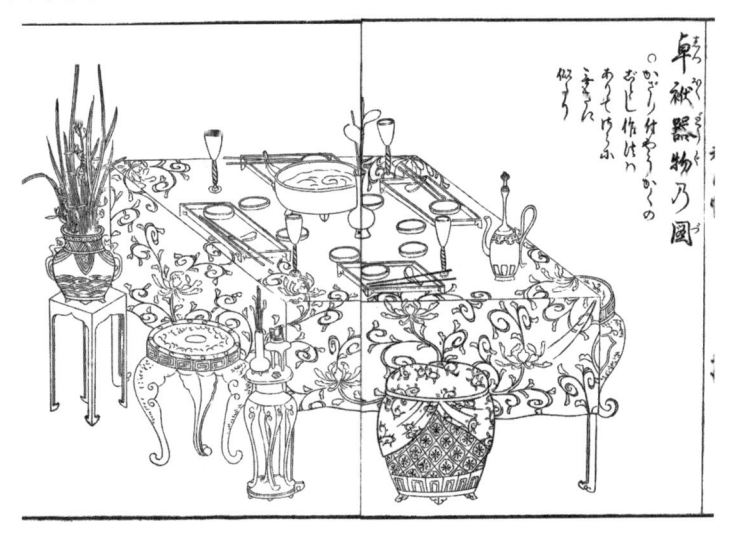

24：喜楽斎磨丸の模刻版（無題）。原画は「六俗女繩見女夫ぐさ」。歌川国貞『寿栄しらが女夫久舎』1835、上巻折込
25：髙橋熊太郎編『普通読本二編下』明治19年11月4日版権免許、集英堂発売（明治20年11月30日訂正3版使用）
26：日本以外では、韓国に脚のたためる食卓がありますが、日本のものとの前後、影響関係は明らかになっていません。
27：林竹治郎『朝の祈り』北海道立近代美術館蔵
28：「一日の楽みはこれ」東京都立中央図書館東京誌料文庫蔵
東京都立中央図書館には、「午前三時」にはじまる夏の庶民生活を点描した一冊の折本が所蔵されています。「一日の楽みはこれ」は、「午後七時」と題する一枚の内に「涼風徐々来る」「水道行水」などとともに描かれた、夕刻の暮らしの一端です。折本に表題はなく、制作年も不詳ですが、「ほんとの角力は此度出来た国技館」と題した一枚があり、国技館の竣工が明治42年5月ですから、その年の夏の作と考えます。
29：夏目鏡子述　松岡譲筆録『漱石の思ひ出』（岩波書店　1929、引用は　2003第11刷に拠る）134頁
「お隣が八畳の座敷。こゝで夏目が朝よく猫を背中に乗せたまゝ寝そべって新聞を読んでゐました。次が六畳で私の居間。こゝに私たちは寝みます。この三つの部屋が南向きで、」
30：滋賀重列「住家」建築雑誌201号、1903.9　402-3頁
31：佐野利器「茶の間と客間に就て」建築評論　第2年第2号、1920.3
32：東京朝日新聞「時代の家屋　古宇田実氏選」、「十(明治43年12月13日)」
33：平井聖「近代都市住宅の茶の間」昭和女子大学近代文化研究所「学苑」2007.8
34：平井聖「茶の間考―洗足村の調査から」日本風俗学会関東支部編『風俗史への招待』文化出版局　1985
35：西山夘三　1911に大阪で生まれ、1933京都帝国大学建築学科卒。京都大学教授を1974までつとめ、1994.4.2死去。
主要著書
『国民住居論巧』伊藤書店　1944
『これからのすまい』相模書房　1947
『住み方の記』文藝春秋　1965
『住宅計画』ほか著作集、勁草書房　1968～69
『日本のすまい』Ⅰ・Ⅱ・Ⅲ、勁草書房　1975～80
36：西山夘三『学友文庫　明日の住居』高桐書院　1949
「食寝分離」の項193-96頁
「非常に小さな住宅に住んでいる人々の住み方を調査してみても、二室以上のスマイ

ではたいてい全部のヘヤをネベヤに使っていない。ねるときにそうとうキュークツなね方をしても一つ二つヘヤをあけてねている。なぜかと調べてみると家具が一パイにおいてあったり、ゲンカンや次のマという風な夜間に通りみちにあけておく必要のあるヘヤが多いが、食事室をあけているものがそうとう多い。

戦争まえの東京の小住宅のなかには家の中の一番大きなヘヤが炊事場にくつついている関係でどうしても食事室に使わねばならず、そのためにタベルヘヤとネベヤが同じヘヤになつている例が少なくなかつた。しかしそれでも半数以上のスマイではタベルヘヤとネベヤが別々になつていた。

朝起きてすぐトコをあげないと食事の用意ができないとすれば、子供たちがおそくまでねていたり、たれかが早く出かけねばならぬというときには非常に困る。また夕食のあとでゆつくりやすみ、はなしをしたりラジオをきいたり家族がまどろむときに、もう小さな子供たちはねむくなつてくる。食卓をかたずけているということになれば、みんなで食事のおちついた一と時を味わうことができない。

そういう点で、タベルヘヤとネベヤを別々にしておくことは都合がよい。しかもこのタベルヘヤは大きいヘヤでなくてもよい。三帖もあればたいていの家族には充分である。

こうしたいろ／＼の利点があつて、結局食事室と寝室とをわける住み方と間取りとがナラワシになつていたのである。

これからつくられる新しいスマイはこういう食寝分離がハツキリできるスマイでなければならない。タベルこととねることをスマイの中の場所でハツキリわけること、そういうスマイをつくること、そういう住み方を実行することがクラシを秩序ずけて行く第一の最も重要なてだてである。」

「ね方」の項　188-90頁

「一家族の人間が全部たいていイエの中で一番大きなヘヤにあつまつてねているという場合が非常に多い。

ところがナラワシとなつてしまつたこのね方は、住み方の中で一番反省してみねばならないもの丶一つである。

それよりもあまり注意されないがしかももつといけないことは、そのため家族一人々々のワタクシの生活というものが少しもそだたず、シツカリした個性のある人を生む節度あるスマイ生活が忘れられているということである。

そういう点で、ネルヘヤはワタクシ生活のよりどころとすべきである。ところがこういう心がけは今までの住み方の中にほとんどみかけられない。なかでも一番いけないのは両親夫婦と子供達とがお互に独立したワタクシ生活をもつことができず、相手を無視するか自分を無視するか、どちらにしても面白くない結果になつていることである。

小さくても一人々々に自分のネドコをあたえることが病気の時の伝染をさけるという点ばかりでなく、自分自身を自分でおさめて行く習慣をつけるためにも必要だし、またゆつくりやすめる条件の一つでもあるからだ。」

37：夏目金之助「明治39年　書簡」『漱石全集』第22巻　岩波書店　1996　612-13頁
「703　十一月七日（水）　斎藤阿具　消印午後4—？時
　　　　　　仙台第二高等学校　斉藤阿具様　　ママ
　　　　　　東京本郷駒込千駄木丁　夏目金之助

　拝啓かねて願上置候塀愈あやしく相成候どうか始末をしてくれ玉へ。僕のうちに先日赤痢が出来た故僕奮発して水道をつけたり。代金十八円也此水道は君に寄附仕るから塀を直してくれ玉へ三方とも四方ともあやしいどこからでも這入れる

　僕は君のうちに居りたいから御願をする。居りたくなければだまつて越してしまふ。僕は千駄木に当分居る積りだからどうか手入をしてくれ玉へ　以上
　　　　七日　　　　　　　　　　　　　　　　　　　　　　　　　夏目金之助
　　　斉藤阿具様　　　　　　　　　　　　　　　　　　　　　　　　　　　」

38：夏目金之助「明治39年　書簡」『漱石全集』第22巻　岩波書店　1996　643-45頁
「741　十二月十三日（木）　斎藤阿具　消印午前4—5時
　　　　　　仙台市第二高等学校教授　斉藤阿具様　ママ
　　　　　　東京本郷駒込千駄木丁五七　夏目金之助

　拝啓東京御転任につき小生も其後精々家宅を捜索致居候処西片町にあく家一軒有之先づ多分は夫へ引き移る事と可相成左すれば来学期より無御差支当家へ御引移の運びに至るべくと存候

　然る所茲に申訳なき御相談相起り候。先便申上候通小生自弁にて御宅へ水道をかけ候処是は当分御厄介になる積りにて貴兄へ寄附する由申上置候。所が二三ケ月にして他へ移転と申す事に相成。しかも其移転先も自弁にて水道をかけたる男にて若し引き移るとすれば二十何円か敷設賃を払つて譲り受けねばならぬ事と相成加之今迄はなかつた敷金なるものを取られ一時に費用が嵩む事に相成候

　夫で先約を取り消すのは甚だ厚顔の至故強ひてとは申かね候へども水道の所は実費で御引受を願へば当方は非常な好都合に御座候が如何のものに御座候や。是はあまりな申条なれど当方にも色々の事情有之万一御聞済も被下候はゞ幸甚此事に存候

　但し水道の実費は十八円に御座候

　夫から前述の宅へ愈引き移るや否やは二三日中に確定致し候へばきまり次第可申上候先は右用事のみ　草々頓首
　　　　十二月十四日　　　　　　　　　　　　　　　　　　　　　夏目金之助
　　　斉藤阿具様　　　　　　　　　　　　　　　　　　　　　　　　　　　」

台所道具（24頁）の名称の漢字表記

ここに掲げた方々には特にお世話になりました。ありがとうございました。

小宮　里子
夏目　房之介

郁文館夢学園
岩波書店
千葉県立美術館
東京都立中央図書館
日本近代文学館
博物館明治村
博文館新社
文京区立鷗外記念本郷図書館
北海道立近代美術館
読売新聞社
昭和女子大学図書館
　（敬称略・五十音順）

本書では、歴史的背景を適切に伝えるため、当時の用語をそのまま使っています。

前頁　図中の鰹節箱の使用例
（仮名垣魯文作・芳虎画『黄金の花、猫の目鬘』3下　元治2年）

（大学院生活機構研究科特任教授・近代文化研究所所員）